除了野蛮国家，整个世界都被书统治着。

"猫"眼看世界

一部互联网文化史

A UNIFIED THEORY
OF CAT ON THE INTERNET

[美] 伊丽丝·怀特（Elyse White）| 著

阿番 | 译　阿番 | 绘

人民东方出版传媒

东方出版社

　　如果你养的猫体形修长，能从纽约延伸到阿尔巴尼，那么当你在纽约踩到它的尾巴时，它就会在阿尔巴尼发出尖叫。这就是电报的原理；无线电也是同理，只不过，不再需要那只猫了。

　　　　　　——"总部笔记"，《商业电报员期刊》

目 录 CONTENTS

目 录 CONTENTS

"i'm highly charged
i'm always shook"

"I heard a knock
is someone here!?"

前　言

　　前一段时间，我查阅了《纽约时报》近十年的畅销书榜单（2006 年 12 月 17 日—2016 年 12 月 17 日），发现了一个奇怪的现象：榜单上有 15 本关于狗的非虚构书籍，它们雄踞畅销榜的总时长为 118 周 [1]；而在同一时间段内，关于猫的非虚构畅销书籍却只有一本，它在榜单上停留了两周的时间。[2]

　　关于狗的书畅销并不奇怪。就算没有读过《马利和我》（*Marley and Me*，大卫·弗兰科尔 [David Frankel] 执导的喜剧片，马利是片中的一只捣蛋狗）[*] 的人，想必也都在周围人的不断谈论中对之略知一二了。但令人惊讶的是，它们在互联网上的表现并不突出——特别是在火爆互联网的猫的衬托下。尽管狗低调地占据了纸媒的世

---

[*]　本书中括号内的棕色字体为译者注。

界，互联网用户却将他们的选票——以不计其数的宏指令、表情、视频、在屏幕上跳来跳去的彩虹猫的形式，一次又一次地投给了数码世界的吉祥物——猫。狗存在于书籍中，猫却存在于字节（bytes）里——为什么会出现这种现象？

实际上，猫在互联网上的胜利并不是无迹可循的。但此现象同样充满了神秘之处，它是注意力市场上颇具威力的能指。大笑猫（Lolcats）是最出名的系列互联网表情包之一（原文中表示"表情包"的词汇为"meme"，指的是流行的、以衍生方式复制传播的互联网文化基因，包括但并不限于表情包。当它在具体语境中指的是更大的文化现象时，本书将其翻译为"模因"）。它已经形成了单独的产业链，相关图像出现在 T 恤、海报、水杯和书籍（甚至还有《大笑猫圣经》）上，产生了可观的收益。可以说，表情包发端于大笑猫，而对众多互联网用户——特别是"数字移民"（digital immigrants，指出生于互联网不发达的年代，之后艰难地适应互联网世界的人们），或者成年后才开始使用互联网的人来说，大笑猫代表了他们表情包生涯的全部经验。在写这本书的时候，互联网上的动物明星基本都是猫：日本猫马鲁（Maru）、好奇猫塞尔达（Curious Zelda）、胡须猫汉密尔顿（Hamilton the moustache cat）、双面猫维纳斯（Venus）、上校猫（Colonel Meow），以及最近的吐舌猫里尔小宝（Lil Bub）和不爽猫（Grumpy Cat）等。[3]不爽猫的周边包括很多产品，甚至还有电影，它也有很多身居高位的朋友。当不爽猫去世时，整个互联网都在悼念它。

《华盛顿邮报》在 2014 年将猫称为互联网的"灵魂动物"（spirit animal），而它们不光是"网红"而已，还是（并且经常是）一种漂浮的能指。[4]诗人肯尼斯·戈登史密斯（Kenneth Goldsmith）的著作《在网上浪费时间》（Wasting Time on the Internet，2016 年）的封面就是一只猫——尽管，这本书根本就没提到这种动物。[5]出版商认为，封面的选择无须解释，读者们自然会知道这个符号代表的意思。[6]同样的，在为某篇不经意提到猫（假如提到了的话）的有关互联网的文章选择插图时，《经济学人》和《纽约时报》也常会选择猫的图像。就这样，猫快速地勾勒出了新媒体的轮廓，成了后者的符号。就连报纸这种传统媒体的读者也能够理解这种联系。[7]

2013 年，BuzzFeed 新闻网的主编本·史密斯（Ben Smith）在《对外政策》杂志（*Foreign Policy*）上也做了类似的表述，以分析互联网和新闻业的未来："2011 年，当我刚来到 BuzzFeed 的时候，很多人很疑惑，这个人为什么要从严肃的新闻门户网站 Politico 来到一个以舔屏高司令（指加拿大男演员 Ryan Gosling，'高司令'是中国影迷对其的爱称）和鉴赏'猫片'（cat pictures）为特色的网站呢。"在这里，"猫片"指代互联网轻快浮躁的一面；这个词语隐含着贬低感 —— 对那些喜欢严肃话题和严肃表达的人来说，这是网上那些肤浅而毫无所指的内容的代名词。史密斯安慰他的读者："别错误地认为，因为社交网络上全都是猫的图片，就意味着伟大的新闻死亡了。"[8] 新媒体既可以很严肃，也可以很轻松。

著名社交网站 Reddit 的广告标语便是，"被喵星人吸引而来，因同理心选择留下"（Come for the cats. Stay for the empathy.）[9]。一个玩笑被记者们反复讲述："我们都知道，互联网是由猫组成的。"[10] 用户在 BuzzFeed 网站的经验值被称作"猫能量"[11]，表示经验的度量图由猫能量来表示（曾经有段时间，每个用户的昵称旁边的度量图都是由 1~5 只猫的排名来表示的，这些形象都来自互联网上的明星猫咪，比如不爽猫、吐舌猫里尔小宝和上校猫）。BuzzFeed 网站解释说："众所周知，互联网的发展主要是由猫推动的，所以你的猫能量值是你在 BuzzFeed 社区排名的官方指标。你出现得越多，发布的内容越棒，你的猫能量值就会越高。"[12]

猫和狗的图片在 BuzzFeed 的出现频率差不多，尽管如此，上述结论依然成立。事实上，在思考作为互联网符号的猫的力量到底有多强大时，最准确的做法是测量它作为市场导向型符号 —— 作为封面插图、作为标题和新闻导语的一部分、作为传单插画 —— 和可量化的现实之间的距离（尽管在现实中，于商业宣传中使用猫的形象的做法越来越不受支持）。

考虑一下谷歌及其高端的 X 实验室于 2012 年实施的项目吧：首先，研究者让电脑进行深度学习，以确定在没有提前输入关于形状和概念的训练数据的情况下，它们仍能分辨这些形状和概念。研究者们用三个概念来测试电脑的中枢工作：人脸、人的身体和猫。[13] 实验很成功，在看了 20000 个 YouTube 相关的视频缩略图后，电脑的中枢网络计算出了一张如同都灵裹尸布(Shroud of Turin，指一块印有男性面容及全身正反两面痕迹的麻布，其呈现效果类似 X 光片)般的猫的平均脸，这张数字化的脸孔可以用来识别其他的猫。一个研究者对《纽约时报》说："在训练中，我们从未'告诉'电脑'这是一只猫'，它重新发明了猫的概念。"[14] 在谷歌对 AI 技术抱有极强野心的情况下，首先做的事情就是来辨认猫，这在一定程度上代表了极客文化和互联网时代的社交规则。

传统媒体注意到了极客文化对猫的欢迎。2005 年，《纽约时报》称："猫是互联网的宠物。它们无处不在。"[15]2013 年，美国哥伦比亚广播公司新闻部（CBS News）推出了一档名为"猫咪视频占领了互联网和市场"的电视新闻节目，节目引用了一项来自宠物食品公司喜跃（Friskies）的未经验证的数据：流量过大造成的网络崩溃有百分之十五和猫有关。[16] 同一年，一个广告机构在一个讽刺性录像里宣布，他们决定开一个部门专门做猫咪视频。视频里有言："所有的东西都在朝制作猫咪视频走去。""到了 2015 年，互联网百分之九十的内容都会是猫咪视频。这个结论最后会得到验证的。"[17]

这些趋势促使研究媒体的专业学者开始设想，关于网络的理论其实也是关于猫的理论。大众媒体研究学者伊桑·朱克曼（Ethan Zuckerman）将他最广为引用的关于审查和参与性媒体的论述称为"互联网激进行动的可爱猫理论"（cute cat theory of digital activism）。在某篇相关论文的子标题里，他还半开玩笑地运用了"互联网是由猫组成的"这一说法。[18]2011年，伦敦经济学院的研究生凯特·米尔特纳（Kate Miltner，她如今是著名的媒体研究者）写了篇关于大笑猫的硕士论文。[19]2015年，纽约移动影像博物馆（Museum of the Moving Image）举办了一场关于猫的展览。展览的策展人是詹森·艾平克（Jason Eppink），其主题为"猫是如何占据互联网的"。[20]

《连线》杂志（Wired）将网络上猫的相关文化称为"猫的互联网综合产业"。当与对应的狗的传统媒体综合产业相比时，猫产业的崛起便更加令人疑惑了。[21]作为一个养狗的人，一开始，我将这种差异看作我可以对猫产生偏见的正当理由。虽然，在交流的便捷性上，书本可能不如互联网，但它们的内容更加深思熟虑、更加深刻，制作的过程也需要更多的信念感。那它们为什么不能在小狗明星的加持下，获得更多的成功呢？书籍是运转周期很长的机器,当读者们的注意力被其吸引时,就会对其中的内容感同身受。而狗因为出了名的忠诚性格,也会如同书籍般,长期地吸引人们的注意力。但是,随着我对互联网上的猫和明星猫了解的逐步深入,我才发现,猫在网上流行这件事并不简单。

《互联网猫的统一理论》(*A Unified Theory of Cats on the Internet*,此为原书名)是关于猫成为网络吉祥物的历史的第一本书。本书主要以年份为序,而每一章节探讨的具体话题,用迪克·赫布迪格(Dick Hebdige)的术语(这是他从翁贝托·艾柯那里借来的)来说,就是用"符号学游击战争"的方式,来追踪这些猫的历史。[22] 针对互联网上的猫的研究,是对塑造了整个互联网世界的社区的研究的延伸。它可以告诉我们,文化和科技是如何互相塑形的。几个世纪以来,西方人将猫作为同情、愤怒和疏远的代名词。那些组成互联网的社群,那些将自己排除在主流之外的成员,让不屑和疏远的态度成为他们的特性之一。不管是从符号的微观角度,还是从媒体平台的宏观角度来看,交流对互联网的促进作用极大,因此,从大的角度讲,互联网上的猫的历史和社会与科技的发展息息相关。

性格迥异的猫和狗

或许，关于互联网上的猫的历史的意义所在，现在看起来是如此的不言而喻。但在刚开始，考虑到互联网的主要作用是社交，这种现象就显得不同寻常了。《哈佛商业评论》（*Harvard Business Review*）在 1986 年写道："上网的一个令人惊讶的特质在于，它是一种社交活动。"那些给员工配备电脑的组织机构发现，人们希望使用新技术来聊天，以解决周围问题并寻找举世皆准的答案，而不是具体问题具体分析的答案："人们通常将计算机视为用于计算和数据存储的专用工具。但是当我们研究过计算机公司和教育机构后才发现，人们倾向于将它们看作通用工具，一种用于收集信息、分发信息和与他人交谈的通用工具。"[23]

猫是无目的的网上社交的符号。所以，我们需要深思，我们为何需要这种无用网络社交符号 —— 毕竟，它的流行让那些一直认为电脑是"冷酷而没有人情味儿的"人颇感震惊。[24] 从 20 世纪 70 年代到 20 世纪 90 年代早期，大多数针对以电脑为中介的交流的研究集中探讨了一个功能主义问题：电脑是否提高了其职场使用者的工作效率。令研究者困惑的是，答案经常是否定的。[25]《互联网国度》（*The Network Nation*，1978 年）是最早研究以电脑为中介的交流的书籍之一，它曾浅尝辄止地探讨过这个问题。在完成企业内部网的电子布告栏发出的众多工作任务时，很多人尽管在线，但却经常开小差。有的人在闲聊和说俏皮话；有的人在就当下热点"创作"讽刺诗；有的人在说漫无目的的、分不出输赢的车轱辘话；低俗的言论时不时冒出来；网络假名激起了一些人的探索欲；还有就是传播好玩的图片，比如用特殊符号做的庆祝圣诞节的麋鹿。[26]

正如《互联网国度》所言，由于缺少身体语言和面部表情的直观性，计算机语言在表现幽默、表达情感和社会交流方面存在不足。[27] 但是阿帕网（ARPANET，美国国防部高级研究计划署开发的世界上第一个运营的封包交换网络，全球互联网的前身）和其他早期网络的用户不仅在这种特质中找到了乐趣，还为扩充这种特质的空间和话语提供了大量的免费劳动。在早期阶段，有关科幻小说、品酒和另外一些并不能看作研究的有趣内容就已经出现在阿帕网的订阅列表里了。[28] 承载阿帕网服务器的大学曾试图删除这些订阅列表，但是却失败了。无聊的社交自计算机出现之初就有了，不仅如此，它还成为互联网发展的强劲动力之一。它并不是附属现象，而是本质原因。毕竟，网民们喜欢并且想要这样做。尽管电脑 —— 这种模仿别的机器的机器 —— 非常不稳定和善变，但说到底，其数字运算的功能一直都是被各类实践者的历史所推动的。为了实现目标与野心，他们为开发出互联网的新形式赋予了无穷潜力。

互联网上的猫，作为这种发展方向的符号 —— 代表了轻浮，但也适时地代表了日本现代科技风、青年反叛文化、赛博朋克激进主义，以及以前让互联网文化区别于传统文化的奇特和僭越。互联网猫揭露了社群是如何用互联网技术来超前于普通大众，确认新的美学价值和延续互联网文化的社交准则的。随着互联网技术在大众中的普及，新媒体上的新网民声势浩大，他们让老牌网民的影响逐渐式微。而这些猫也揭示了老牌网民是怎样与新网民划清界限的。

《互联网猫的统一理论》中的"统一理论"一词，实际上是一种谑称。如同没法把大海装进渔网里一样，对于网上出现的各种轻浮、叛逆、奇异和不断变化的内容，我们也无法统一。如果非要说和这个词有什么相关之处，那就是：这本书将其焦点和社会分工相结合，原本不相关的两条线索被拧成了一股绳。就像历史学家说的，互联网的主要趋势，很多时候并不是从主流中产生的，而是从亚文化、反文化和自命不凡的创业公司中产生的。[29]

将互联网和主流相分离曾是很多人努力的目标。尽管这种做法已经过时，但厘清相关的历史有助于我们更好地理解在互联网上出现的独特现象，比如网络骂战和表情包的使用。它也可以帮助我们理解，出于工作目的发明，最终却成为社交媒体的互联网，是如何被进一步改造成新奇事物的集散地的。通过研究网上的猫科动物，本书对上述历史进行了考察。与此同时，本书也试图阐明潜藏在互联网表象下的偏见、圈子社交和跨文化身份等内容。

下面是对本书的一些说明，以及我的个人自白。

首先是说明。这是一本借猫咪来分析互联网的书。因此，本书对猫的线下生活并没有过多关注，而主要将注意力放在了新媒体研究的"沉思"、"参与式文化"和"黑客美学"等内容上。当我为了完成这本书而着手查阅资料时，我从康奈尔大学动物医学院的图书馆里借了一堆关于猫的书。("我有一只猫,"负责图书流通的管理员对我说,"我的朋友一直告诉我,得让它在网上出名才行。"接着,她就给我看了一只我迄今为止见过的最大个儿的猫。)不过,事实证明,这些书对了解互联网上的猫并没有多大用处。与之形成鲜明对比的是,阅读关于日本、硅谷反主流文化、朋克音乐和边界维护(boundary maintenance)的社会学概念的书籍非常有用。

这本书也不会历数那些在网上成名的猫,所以如果我漏掉了你最心爱的猫,我向你道歉;不过,我非常希望这本书能增加你对照亮了你的线上生活的猫咪们的喜爱,不管它是尼可(Niko)、雷米(Remy)、罗夫(Rolf)、虎崽子(Tingeling)还是好奇猫塞尔达。

身为一个历史爱好者,本书试图强调高科技文化的尖端与落伍之处。我在本书中记录的一些事件,之所以会慢慢地显示出其全貌,是因为新技术的传播并不是一蹴而就的,而是有个渐进的过程。如果互联网仍旧像几十年前那样,只被精通技术的人员所使用,没有在大众中普及,那么网络骂战就不会是如今这个样子。如果硬核的互联网用户没有在黑客论坛、图像采集卡或者其他地方建立地下的、会员制的亚文化，表情包文化也不会是如今这种形式——猫也不会成为新波普主义的中心。本书的叙事受益于人们对技术史的研究，受益于早期和如今的互联网使用者的探索——毕竟，这种探索可能会对文化造成巨大的影响。

这本书的另外一个主题在于，它并不仅仅是一部互联网文化事件的编年史。文化事件甚至可以在政治和技术的层面对互联网造成影响。2000年，出现在格莱美颁奖典礼现场时，珍妮弗·洛佩兹（Jennifer Lopez）穿了一件暴露的裙子。为了满足网民的搜索欲望，谷歌图片（Google Image）应运而生。[30]洛佩兹的裙子是互联网历史上的一件大事。YouTube发展成如今的运行模式——让用户们自发上传视频——的部分原因是，在平台于2005年12月正式运行的两天后，电视节目《周六夜现场》（Saturday Night Live）发布了一个名为"慵懒星期六"的说唱视频，而这似乎是大家都想与朋友们分享的内容。于是，个人自制的《慵懒星期六》视频成了很多人在YouTube的处女秀。根据某篇分析YouTube崛起的文章的说法，这些视频让YouTube平台度过了一个关键节点，扩大了其早期的市场影响力。[31]

和 YouTube 在互联网视频产业独占鳌头的情况不同，猫咪在参与式互联网文化中并没有压倒性的优势。正如伊桑·朱克曼所言，互联网上的猫和拥有很长历史的网络协议很相似 —— 以用来交换不同电脑的网页展示信息的网络协议 HTTP 为例，在大多数的日常使用中，HTTP 被更加安全的网络协议 HTTPS 所替代，但是作为万维网基础架构的 HTTP，依然屹立不倒。尽管，正如本书将要分析到的，互联网上的猫的外在身份在最近一段时间（从 2005 年开始）才得以产生，但到现在为止，猫已经渗透进了网络的运作之中。对于重度网络用户（米尔特纳将沉迷网络的人称作 "internetty"）来说，猫已经成为文化常识的基本组成部分，并且成为前者的能指；而对于其他的网络用户来说，使用猫的图像已经成了上网冲浪的一种仪式 —— 尽管人们都忘记了当初为什么这么做。

接下来是我的个人独白：当我开始研究互联网上的猫时，我并不是个爱猫之人。有时，我会在网上嘲笑猫奴，笑他们竟然会需要这种傲娇生物的陪伴。在社交媒体上，我们做出某种姿态很容易，因为在大部分情况下，表达强烈的观点并不会面临与对敏感主题发表意见相似的危险。我对猫的批评可不是任意为之，我是有证据的。你见过猫叼着一小瓶白兰地酒上山帮助迷路的行者吗？你见过猫看管绵羊、保护牛群、给盲人带路、帮助搜救队、寻找炸弹、运送信件、追逐犯人、驱逐闯入者、在网球赛上捡球、在医院陪伴生病的儿童，或者将溺水的人从海边拖上岸吗？不，你没有见过。我对狗的印象和画家埃德温·兰西尔（Edwin Landseer）的很相似，在他的笔下，狗是英雄、朋友，甚至是哀悼者；我对猫的印象则与萨尔瓦多·达利（Salvador Dali）塑造的猫的形象不谋而合，在他的笔下，猫就是在家具上化掉了的停滞钟表。

但是事情起了变化。在为这本书搜集资料期间，我养了一只猫。一年以后，我不得不说：我会抚摸它，我吃它那一套，我"真香"了。我终于明白了养猫之人互相间的暗语。

好吧，我总是后知后觉。

1

不爽猫的符号学历史

2015 年最火的网络事件之一就是，人们竞相在网上制作猫被黄瓜所惊吓的视频。猫为何会被吓到？因为它们怕蛇，而黄瓜猛一看和蛇有些相似。所以，如果你悄悄地在猫咪旁边放上一根黄瓜，等待它的注意，那你就会满意地得到猫被吓到的反应。

当然，对猫来说，这个把戏有点残酷。正如动物专家们警告的那样，这会让猫极度紧张。[1] 将面包片套在猫脸上（cat breading）的行为也是如此。这种做法出现于 2011 年，人们会把掏了洞的面包按在猫的脸上，并将这一幕拍下来。[2] 折磨猫咪的做法，无论其反应是害怕还是生气，历来都是人们的一种娱乐方式。而当互联网时代来临时，这种现象有增无减。出现在名为"黑色金属猫"（Black Metal Cats）的推特账号中的可怜猫咪，在配文的暗示下，看上去总是在进行着残酷而沮丧的思考，仿佛是西方绘画中指代魔鬼、巫师、怪物和恶魔的捕食天性的猫的后现代翻版（如此一来，猫的悲伤，或者《受胎告知》中逃跑的黑猫的恐慌，都成了人们高兴的原因）。[3]

当然，我们在网上看到的猫并不仅仅体验了绝望。大笑猫的图像——一种让表情包得以流行的图像宏指令类型——经常表现的是猫在盒子、泡沫包装、奶酪汉堡中开心玩耍的场景。作为互联网文化吉祥物的动画形象彩虹猫（Nyan Cat），由一堆有趣的元素组合而成：猫脸、果酱饼身体、彩虹尾巴，当它在天上飞的时候，视频里还播放着洗脑的猫叫音乐。不过，互联网上的猫也会表现人们的不安情绪，即便是我们用它们来代表自己的时候。不爽猫的图像可以代表尖刻的评论；黑色金属猫在无限扩展，如同一个少年反复聆听伤感歌曲一般；大笑猫和我们一样，会生气，会缺觉，也会有希望别人不要烦自己和形象欠佳的时刻。在和人类的博弈中，猫是不会取胜的：当它们对我们爱答不理时，它们是在玩火，因为这激起了人们逗弄它们的恶趣味；而当它们以人类保护者的身份出现时，它们也要跟着人类一起受苦。

相比而言，我们是怎么对待网上的狗的呢？表现狗摇着尾巴欢迎士兵回家的视频可与之做比较 —— 尽管它们在网上如同小锅慢炖，从未真正大火过。还有视频表现了：一只狗从圣诞节礼盒中跳出来制造惊喜；流浪狗离开收容所踏上寻找"永恒之家"的路途；莫名其妙地在狗的帮助下完成的求婚仪式。在最后一种视频中露脸的狗，都是开心阳光的狗，它们是人们在日常生活中的重要陪伴者。

网络用户在看到处于险境或者心情忧郁的狗的时候，不会感到好笑，而是会深深地不安。我在逛《权力的游戏》的论坛的时候，不止一次见到人们说，冰原狼惨死的画面是整个剧集最残酷的场景。有个电影网站叫"狗是否死掉了？"，自其运行之初，其目的就是告诉人们：在那些有狗参演的电影里，是否有狗死掉的情节。并没有与之相对应的猫的网站；事实上，为了喜剧效果，一些受欢迎的电影甚至还出现了伤害和杀死猫的隐喻情节。[4]

罗伯特·达恩顿（Robert Darnton）在其名作《屠猫狂欢》（*The Great Cat Massacre*）中详述了人们对猫为所欲为的历史：人们将它们扔进篝火中，让它们像雕像那样挂起来，在处死它们之前先施以酷刑，猛拉它们的尾巴来制造

"粗糙音乐"。[5]18世纪的法国曾发生一件奇事：印刷厂里的工人们举办了一场屠杀猫咪的仪式。达恩顿对此事做了非常细致的符号学分析。他认为，乍看上去，这件事只对现代人产生某种意义。达恩顿追溯了这个对仪式参与者有特殊意义的事件的符号学起源：在相关符号松散的历史联结中，猫代表了巫术、魔鬼、性禁忌、主人的宅邸，或者是主人的妻子。这个野蛮仪式"同时也是一种审判、一种羞辱、一种下属对老板的反抗、一种街头剧场般的狂欢"，而"工人们也以哑剧的方式重复了这种行为"。[6]

猫和恶灵的符号学关联可以追溯到中世纪。[7] 猫和女性性征的关联也是如此。在英语中，猫和女性生殖器是用同一个词表示的，这种关联最晚出现在中世纪，且影响了很多其他语种。达恩顿写道："'chat'、'chatte'和'minet'在法国俚语中的意思，和'pussy'在英语中的意思一样。"[8]（这四个单词在各自的语言里，都有"猫"和"阴户"两种含义）弗朗西斯·布歇（Francois Boucher）的画作《梳妆》（La Toilette，1742年）出现在达恩顿著作的封面上，该作品里有位正在穿长袜的女性。在她张开的双腿之间，一只猫调皮地趴在地上，暗示着这位女性为性事做好了准备。[9]（猫代表女性性欲，

23

这种双关语母题也出现在说英语国家的绘画作品中，威廉·荷加斯的《妓女生涯》便是其中一例。)

这种图像学传统太根深蒂固了，以至于即便猫和狗出现在同一幅作品中，它们都能够拥有相反的含义。出现于提香（Titian）的名作《乌尔比诺的维纳斯》(*Venus of Urbino*，1534 年)中的女性，根本不会考虑观者对她身份的鄙夷：那只睡在她脚边的狗告诉观众，她的欲望是和忠诚相连的，她并不薄情，也不会出卖自己。[10] 爱德华·马奈（Édouard Manet）的《奥林匹亚》(*Olympia*，1863 年)是对提香作品的模仿，画中的女性以相同的姿势斜倚着。1865 年，当它的第一批观众在巴黎沙龙（Paris Salon）见到这幅作品时，他们无视了这幅画和提香作品的关联，认为其有伤风化。他们反复讨论着画中女人脚边的猫咪。事实上，那只代表滥交的猫主宰了人们对画作的看法，正如艺术史家约翰·莫菲特（John Moffitt）所写的那样："这是一个具有煽动性的组合——身为女性的奥林匹亚的直视和一只站立的猫——公众将画家描绘的所有意象综合起来，从而得出了'这位女士是一位荡妇'的结论。"公众经常用"黑猫维纳斯"来指称这幅画。[11] 而如果观众在一幅描绘基督的画作中看见一条狗，他们会毫不犹豫地将狗和基督联系起来：它象征着他的坚持不懈、温暖善良和博大智慧。[12] 反过来，当猫出现在表现基督的画作中时，它就代表了魔鬼，如同伊甸园里的那条毒蛇。

仿《奥林匹亚》

民间传说强化了这种观点,认为猫代表了祸端。在欧洲的各种民间传说类型中,猫更多出现于寓言之中,用来告诫人们要小心这个充满了危险和欺骗的世界。比如,在印欧语系民间传说分类索引《阿尔奈-汤普森·尤瑟故事类型索引》(*Aarne-Thompson Uther Tale Type Index*)中,《精灵之死》(*Death of an elf*,一说为《猫之死》)的故事类型的编号为113A,其故事内容大概如此——某天,一个男人在回家的路上听到了这样的话:"当你到家的时候,跟别人说 Grimalkin 已经死了。"(Grimalkin 既有老猫的含义,也有老妇的含义。这并非原故事中的名字,由于在口口相传中出现了误差,这个名字一直在变。作者在此使用了一个具有隐喻意味的名字。)这个人既听不出是谁在跟他说话,也不知道 Grimalkin 是谁,但他回家后还是照做了。听到他的话时,他的家猫跳起来大叫道:"我现在是猫之王了!"之后,家猫便消失在烟囱上,其主人之后再也没有见过它。

在这种类型的传说中,猫可以被巨魔或精灵所代替。正如一位民俗学者所言,为了服务主题,猫、巨魔或者精灵在这些故事中可以互换。这个故事告诫我们:

猫之恶灵

一定要对周围的恶灵保持警惕。传话的男人并没有想到他家的猫能开口说话，而怪物们也生活在他的家里。[13]即便是在那些猫对人类提供过帮助的故事中，它们也总是依靠诡计和狡猾取胜。在编号为 545 的名为"帮忙的猫"——后更名为"穿靴子的猫"的故事样例中，那些遗产只有一只猫的少男少女，在猫的诡计的帮助下，拥有了城堡，并成为王子或公主。在这个故事中，猫做了其他动物根本做不了的事：它在人类的世界中游刃有余——需要穿上人类的衣服是它唯一的掩饰——通过使用一些社交障眼法，它为它的主人争取到了非常体面的幸福结局。[14]和英国故事《猫王》中表现的情况一样，在大部分情况下，猫是藏在家中的恶灵；但在这个故事中，它虽然依旧是恶灵，但却是为我们服务，而非要伤害我们的恶灵。[15]

总而言之，正如克劳德·列维-斯特劳斯（Claude Levi-Strauss）所言，西方人发现猫非常"值得思考"，特别是试图弄清日常生活和通灵世界的界限的时候。人们一直在试图厘清由猫定义的各种危险的文化界限，这些领域包括民间传说、大众娱乐，以及人们在养猫的时候可能会采取的一般性防范措施。17 世纪时，一个动物专家警告说："巫师的魔宠常常以猫的形态出现，这就代表了这种生物对灵魂和身体都很危险。"由于猫的实际作用在于抓老鼠，他建议"我们要用一双警惕而谨慎的眼睛来避免它们可能造成的伤害，重视它们的作用但不要和它们走太近"。这意思就是，让它们忙起来，但在情感上和它们保持距离。这些都是救赎性的告诫，这种告诫关注的是一个人灵魂的安宁。[16]

我们已经不再以残害猫咪为乐了。但即便到了现在，很多人依旧能够容忍虚构作品中对猫的折磨，正如一个批评家在观看了许多好莱坞电影后说道："一条狗死时，人物会深陷于激动的个人情绪里。我们能感受到他们的痛。但当一只猫死时，那就是为了引起大笑而开的一个玩笑。"[17]举例来说，在后现代的语境下，我们很容易就可以看出，即便是以"这条推特里的猫并没有受到伤害"为信条的"黑色金属猫"推特账号，其内容也建立在这个古老的传统上。当"pussy"一词在2016年意外地成为一个政治词汇时，媒体们很快开始强调这个词的双关语特性：《纽约每日新闻》头版的巨大字体中出现了这个单词，并把中间的字母变形成猫的吃惊表情。[18]这种视觉置换从侧面证明了此词的各种含义——

性别意味、淫秽色彩、大众文化对"pussy"一词的轻
视 —— 是如何捆绑在一起的。

"要么露乳头，要么滚！"

有记载的第一个大型网络骂战（mass trolling）和一
个爱猫人士的网站有关，这个主要由女性用户组成的网
站受到了一次前所未有的攻击。原本岁月静好的一个小
众群体突然被推到了网络的风口浪尖，这似乎是网络历
史上一系列性别转换操作的结果。

作为一个学科领域的计算技术，在进入了数码时代
后，对人类的性别行为也产生了影响；它还深刻地改变
了互联网文化。在 20 世纪早期，很多 "computer" 都是
女性 —— 这里的 "computer"，指的是从事手动计算工
作的一类人。[19] 万尼瓦尔·布什（Vannevar Bush），在
其令人深省的文章《我们可能会这样想》（As We May
Think, 1945 年）中，从宏观的角度对电子计算做出预
测，认为强大的机器设备将由 "人类电脑"（女性）输
入数据："这样的设备胃口巨大。每个机器的背后是一
屋子的姑娘，她们用简单的打字机，一点点地将数字和

指令敲进去。而每隔几分钟，一张张计算结果单就会从设备中跃出。"[20] 他的一个同事开玩笑地说，在测量计算能力时，可以用 "kilogirl" 为单位 ——"kilogirl" 指的是一个人一千个小时的工作量。[21]

在阿帕网诞生和生长的 20 世纪 60 年代和 70 年代早期，大部分电脑用户不是大学教授就是军队人士，也就是说，都是男性。在互联网刚刚进入大众领域时，那几乎是男性独辖的世界。一句网络格言便道破了这种情况："互联网上没有女性。"如果一个用户告知别人她是女的，很多人便会让她上传赤裸上身的照片（以验明正身）："要么露乳头，要么滚！"

当然，互联网内行的文化本身就是一种疏远的、边缘化的和反叛的文化。到了 20 世纪 70 年代，立法人员已经充分意识到，必须将公众网络交给 FCC（Federal Communications Commission，联邦通信委员会）管理。但是，正如《互联网国度》写的那样，他们觉得互联网不一定会吸引外行的注意："管理者和立法者口中的'公众'一词，多运用于商业和政府领域，它并不是'大众'或者普通市民的代名词。因此，他们在建立系统和制定规则的时候，并没有将后者考虑在内，也不认为将后者囊括在内会推动相关的进程。[22] 然而，诸如家酿计算机俱乐部（the Homebrew Computer Club）的成员那样的普通民众（他们从 1975 年开始便常在一个车库内聚会），已经在着手建立一些草根兴趣爱好者的网络社群了。在对着家用电脑和电话线进行了一阵鼓捣之后，他们找到了访问 Usenet（网络新闻组）和 WELL（Whole Earth 'Lectronic Link，全球电子链路网）的方法。这些网络修补者被看成反文化运动的一分子，发扬着黑客精神——一种认为建立一个免费获取信息的系统将会造福世界的信念。这种精神起源于在麻省理工学院的一些学生中流行的迷恋文化。[23]

那些使用网络聊天软件服务器、多用户网络游戏和 Usenet 及 WELL 的普通互联网用户，他们为上网投入了金钱、设备和能量。这意味着，现实无法满足这些网络爱好者——也可称为狂热分子——的需求，但网络世界可以。曾经有段时间，WELL 最高的一项收入来自感恩之死乐队（the Grateful Dead）的乐迷。这是乐迷们寻找同类的乌托邦，因此他们为网站投入了大量的资金和技术支持。[24] 死头族（Deadheads，感恩之死乐队的乐迷们的统称）为互联网的早期发展做出了贡献。[25]

在接下来的几十年里，电脑极客的身份开始多样化，包括：黑客、科幻迷、幻想家、嬉皮士、死头族、X 档案爱好者、游戏玩家、御宅族、苹果狂热粉、同人小说作家以及技术自由主义者。尽管彼此的身份不尽相同，但他们仍旧有一个明显的共同特征：远离主流。一直以来，高科技技术和美国的怪人文化（nerd culture）紧密相连。在麻省理工学院，基于对铁轨模型的研究，黑客们开发出了科幻电脑游戏《太空大战》（*Spacewar!*）；当一些发明者离开团队来到斯坦福人工智能实验室时，他们发展出一种基于严肃奇幻文学的实验室文化（可能受到森林遍布的美国西海岸的神秘气氛的影响）：开发奇幻的电脑游戏，用中土世界的地点名称来命名会议室，甚至印刷机打出来的内容都是由精灵语书写而成。[26] 这么做的一个原因是，他们想成为"他者"——一种对抗性的他者。如果事实如此，那么"幻想"、"朋克"或者"迷幻反主流文化"，这些词语也都可以用来形容他们的实践。[27]

互联网社群

朋克摇滚乐手常常用贬低性的词语来称呼自己,最开始是代表妓女的词,后来是在军队中做低贱工作的人——而"朋克"(punk)一词本身,原意也不怎么好。[28]如今,当网民们用一种可怜的、孤绝的猫科动物来指代自身时,其做法便与这些摇滚乐手的行为如出一辙。猫会成为不受待见之物的符号,部分原因是它们和女性联系紧密。更深层的原因则是,互联网草根阶层的反文化、反建设的破坏性信条总是能与叛逆符号产生共鸣。

这种观念在黑客的地下社区最为流行。这群黑客喜欢将自己当作(别人也这么认为)高科技技术的中心。他们用电子公告栏的形式来宣扬黑客技术、非法入侵系统,并做出另外一些离经叛道的网络行为。1990 年,人们对这种"地下网络活动"进行了研究,发现很多符号和动作都是用来探讨如何反叛和离间人群的。[29]这些公告栏用户的名称可分为如下几种:一种是伟大的英雄人物,如龙少爷(来自 1982 年的同名中国电影)、终极战士(Ultimate Warrior, 美国著名专业摔跤手)、无名战士(来自 1955 年芬兰拍摄的战争电影);一种则暗示了虚无的反英雄主义，比如黑色复仇者（Black Avenger）、死亡跟踪狂 (Death Stalker)、风暴制造人 (Storm Bringer)；带有"红"或"黑"字的名字，大概是为了显示他们的男性气概和危险气场；还有的名字让人联想到文学、流行文化或者技术。当用户们形成团体时，团体名也与用户的整体调性相符：比如末日军团（the Legion of Doom）和骗术高手（The Masters of Deception），将他们的公告栏系统命名为龙火（Dragonfire）、禁地 (Forbidden Zone)、弗兰肯斯坦之洞（Phreakenstein's Lair）、影子之地（Shadowland）等。[30] 这些具有侵略色彩的名字是刻意选择的，用列维 - 斯特劳斯的话来说，这些名字"都让母亲把头发愁白了"[31]。

20 世纪 90 年代研究地下网络活动的学者经常将其定位为"后现代"。[32] 然而，更准确的说法或许应该是"朋克"。[33] 和后现代风格相同，朋克亚文化走的也是嚣张不屑、自我反身、以自我为中心、讽刺、永远不正经、将不同类型元素相组合以混淆视听的路线。（在黑客文化中，这些组合包括：魔术和技术、弃儿和英雄、灾难和胜利。）在朋克最著名的信条"自己动手"的指导下兴起了很多活动，比如做工艺、制衣服、创作独立音乐，甚至是为了从经济与观念上与主流文化相分离而去抢夺和偷盗。这种信条和黑客文化的"上手""靠自己"等文化是一脉相承的。[34] 熬夜浏览地下电子公告栏的高中生们可能对后结构理论并不熟悉，但 20 世纪 70 年代到 80 年代流行的朋克音乐会在有电唱机的孩子群中无限扩散。朋克文化虽然表面上看起来很颓废，但却是朝前看的。从朋克的角度来说，过去是虚假的，当下是荒芜的，未来则充满可能。而未来，就由科幻组成。[35]

当考虑到自由须和责任联系在一起时，史蒂文·莱维（Steven Levy）所谓的"黑客伦理"不仅在道德上是中立的，甚至还有些许优点。黑客伦理强调自食其力，而非对相关制度抱以厚望：真本事比文凭重要；要走向边缘而非相信权威；互联网向所有人敞开；电脑是艺术创作的工具；电脑能够让世界更好。[36] 然而，公众喜欢用有色眼光来看待黑客，认为他们是粗糙的无政府主义者。某些黑客成了反英雄，部分原因是他们做了些非法的勾当（比如盗版），另外的原因则是媒体将黑客等同于罪犯的做法伤了他们的心。[37] 不服从的态度可以被看作一种原则，或者是对中产阶级的挑衅，又或者是对那些嘲讽不合群之人的夸张的讽刺。在很多情况下，这三种原因是无法分割的。

家酿计算机俱乐部的嬉皮士们曾试图定义怪异的反文化的边界，黑客们则不再这样做了，但是，他们让反文化有了最锐利的锋芒和最惊人的特点。赛博朋克已经成了有关未来的故事的新主导类型：瑞克·戴克（Rick Deckard）在肮脏的霓虹灯城市跋涉（菲利普·迪克著作《仿生人会梦见电子羊吗？》中的情节）；亨利·凯斯（Henry Case）开发了自己的技术，从而和腐败的机构开展不平等对战（威廉·吉布森著作《神经漫游者》）；尼奥·安德森（Neo Anderson）穿的是军靴和黑色皮衣（沃卓斯基兄弟指导电影《黑客帝国》）；孤枪侠们（the Lone Gunmen）在一个化着非常夸张的朋克妆的无政府主义女黑客的公司中身陷囹圄（美国剧集《X档案》）。[38]

或许，和历史的各种版本一样，网络世界终会消化掉那些我们需要多加小心的丑恶行为：网络引战、喷子行为、使绊子、网络暴力等。[39] 但唯我独尊的感受只属于早期互联网，只属于那些知道密码和口令的早期网民，这意味着敌对的态度在互联网伊始起到了关卡的作用。如果一个人在某个论坛或小组中问了一个暴露他新人身份的问题，人们会欺侮他，并给他提供似是而非的帮助；人们故意在论坛中出言不逊，用有些下流的暗语与彼此对话——在某种程度上，这是对外来者的警告——要么挨批要么滚。[40] 即便是那些用户句柄，也在某种程度上排斥着外来者。

当然，不是所有的网民都是末日军团的成员。但是使用互联网需要用到一些技术战术：在万维网简化其在线导航之前，用户们不得不靠敲键盘的方式进行导航，还得在知道网页所在服务器的电话号码的前提下才能冲浪。而到了 20 世纪 20 年代，赛博空间（cyberspace）——这是个在网络的界限日渐模糊的背景下横空出世的术语——成了一个充满魔力的领域。进入这个领域，需要用户有所专长；而作为交换，它将给人们——特别是男性，提供一个保护性的空间。在这个空间里，人们可以享受多种形式的陪伴、指导、状态，甚至是不同程度的男性气概[41]。他们是互联网的界外者，但却是能够参与某些伟大进程的界外者。

　　然而，在 20 世纪 90 年代，这个空间却遭遇了威胁，最早的网络骂战形式出现了。同时出现的，还有作为武器的猫的第一个符号学意义。

2

屠猫狂欢

在 20 世纪 20 年代早期，商业机构在互联网上的存在感愈加强烈，这里原本是黑客、嬉皮士和各类爱好者的天下。从 20 世纪 80 年代开始，个人电脑朝着用户友好型的方向稳步发展。1991 年，蒂姆·伯纳斯 - 李（Tim Berners-Lee）在 Usenet 上第一次提出了"万维网"的概念，让互联网有了简单的点击式界面。在终于认识到网民在网上浪费的时间具有巨大的商业价值后，网上美国（American Online）、计算机在线（CompuServe）、奇迹（Prodigy）以及其他的商业网站服务供应商开始对外售卖未打包的网络连接服务。

当网络进入主流世界之后，有关赛博空间的大众图书开始在书店出现：《赛博空间里的戴夫·巴里》（*Dave Barry in Cyberspace*，1996 年）、《走向更深：赛博空间中的两年》（*My Two-Year Odyssey in Cyberspace*，1997

年）、《我小小的人生：虚拟世界中的罪与罚》（*My Tiny Life: Crime and Passion in a Virtual World*，1998 年）。通常情况下，这些书会强调赛博空间是多么怪异 —— 你可以发现一只鲸鱼炸了的视频！这些作者对科技的认识是多么天真啊。[1] 你不需要专业的知识便可上网；但实际上，新用户常常会暴露出他们知识的短板。他们穿着印有文字的 T 恤，上面写着"信息高速路上的马路杀手"。[2]

新流量的涌入为原有网络社群的维护制造了压力。约翰·西布鲁克（John Seabrook）在其探讨赛博空间的著作中写道，在网络的各种声音中，总有人发表独特而好战的言论。他的一位朋友说："现在的互联网上，总是上演着残酷的厮杀行为。"西布鲁克由此说道："一种聪明的做法就是，要么无视这些行为，要么关注或学习这些行为，从而达到自己的目的。"很多有经验的网民向西布鲁克表示，这种敌视的气氛一定程度上反映了人们对刚进入圈层的新人的敌意。他认识的一位女生物学家写信给他，说：

一种等级制度即将建立的气氛出现了 —— 如果你是网络新用户，或者属于某个特殊群体,那你就不具备先天优势。作为女人,我还得面对性别壁垒;互联网非常男性化,那些想跟这些大男人玩儿的女性,要么得学习说粗话,成为另一个男人;要么得表现得温柔可人,充满魅力,做一个装嫩的女性。(即便是极客也会意淫啊。)又或者,你得起一个没有任何人能识破的男性化的或中性化的网名。[3]

她还说:"十多年来,男性们一直在用他们发明的暗语来沟通和社交,这些暗语和业余无线电一样隐蔽,并且达不到需要烦人的 FCC 来审查的程度。但是突然间,他们最拉风的秘密 —— 互联网,开始普及了……请试想一下这些极客的担忧:原本属于他们的魔幻树屋,将会被美国的大众文化所侵占。这比你最喜欢的无名地下音乐专辑突然登上排行榜还要恐怖。"[4]

1993 年,一个发生于 Usenet 新闻组的大事件汇集了促成早期互联网文化的多个主题:"互联网"和主流的冲突,敌对态度在维护互联网社群边界方面的作用,互联网上女性岌岌可危的状态等。Usenet 的用户将此类事件称为"入侵"(troll,这个单词的含义很广,几乎可以指代网络上所有令人讨厌的行为，还可以指代做出这些行为的人。根据语境，此词在本书中被翻译成"钓鱼""引战""入侵""喷子"等）：Usenet 某个板块的网民，开始大批量地出现在另一板块中，发布一些充满怒气和仇恨的内容。[5] 这次入侵的目标是宠物猫休闲小组（rec.pets.cats），小组的成员多为女性；这次入侵火力很猛，造成的影响也十分深远，使得媒体研究者和记者们不得不捋清事件的前因后果。[6] 通过发布不堪入目的虐猫视频来骚扰一个爱猫人士的社群，这次入侵的始作俑者发泄了他们对互联网上那些与其不一样的人的不满。这种做法贻害无穷，人们随之对女权主义、得体的言行和平淡的家庭生活展开攻击。从互联网历史的角度来看，此次事件并不算大。然而，作为最早的发起者有意为之的网络引战行为之一，这个事件让我们了解到互联网发展历程的某个方面：作为原本只是为了维护社群边界的一小撮人，网络喷子正在逐渐占据整个网络。而这也从侧面证明了，猫作为达恩顿所谓作为"符号学挑衅"（symbolic aggression）之媒介的持续性影响力。[7]

在这个例子中，入侵的敌对势力来自"没品小组"（alt.tasteless）。1990 年，Usenet 的管理者创建了这个具有隔离意味的小组。论坛的活跃者都是曾在诸如"幽默休闲"（rec.humor）等小组发表过不当内容的怪咖，当这些内容被管理员发现后，他们就会被引流到没品小组中去。在没品小组，他们可以开很多没有下限的玩笑，因为大部分网民不会看到。[8] 如今，隔离性质的小组或论坛依然存在于诸如 Facebook 等多媒体平台。假如某些用户上传了让大部分人都感到不适的内容，论坛就会分化出子板块供这些人使用。[9] 有小道消息说，电脑游戏公司也会这么干。[10] 然而，就像接下来的故事要讲的那样，当喷子们集结成伙时，设置隔离区已经不再有用。（不要小看喷子们形成群体时的能量，他们可以冲破网络封锁，从而引发巨大的网络风波。这是要对喷子们的网络引战行为进行更多研究的原因之一。）[11]

没品小组的问答板块显示，在不到几年的时间里，论坛已经有了 60000 活跃用户。[12] 当时的人似乎默认这些用户都是男性。当然，通过论坛里的内容，人们也能辨别出用户的性别。没品小组的用户们喜欢上传猥琐的内容来恶心彼此，而他们最喜欢的能让人"恶心吐了"的内容是对解剖女性的想象。[13]

1993 年，没品小组的活跃者们决定寻找下一个攻击目标。因为他们发起的网络战争常常是出于社群边界维护的目的，因此，他们总是会将火烧到和他们的调性完全不同的社群。事件发生之后，《连线》杂志的一位撰稿人对此发表了看法。他认为，这些人故意让性别因素掺杂其中。他用非常隐晦的措辞对此进行了分析：

如果我没记错的话，Usenet 上的一个小组叫作"没品"小组。去年夏天的一个晚上，这个小组里的一些小青年儿……感觉很无聊。他们或许特别想通过说下流话的方式来引起轰动。你知道，就是那种女孩们看了，会打出"啊啊啊啊呃呃呃呃，太恶恶恶恶心了！"等文字的那种下流话。在"没品"小组，你根本不会看到这样的反应。

有个人——没人记得那人是谁——建议入侵另外一个 Usenet 小组。一个 Usenet 整蛊游戏！这个建议很快就被其他"没品"成员采纳了。但是，入侵哪个小组呢？经过多次讨论，一个潜在的目标出现了：

宠物猫休闲小组。[14]

　　远在 1993 年，猫还没有成为新闻记者口中的互联网"灵魂动物"。然而，猫为网络引战行为拉开序幕，并不是完全出于偶然。宠物猫休闲小组创建于 1991 年，爱猫人士在此处分享关于猫的故事和养猫的注意事项，以及提出并回答有关猫的问题。正如史蒂芬妮·布瑞尔（Stephanie Brail）注意到的那样，小组的活跃者多为女性。而其中的大部分人，又恰好是新网民，一些偶尔才上一下网的新网民。她们访问 Usenet 的目的，不过是查查资料，以及和其他新网民们聊聊。[15]《连线》杂志谈到，宠物猫休闲小组上的一个常驻帖子写道："宠物猫休闲小组上的很多成员都不是所谓的典型网民。很多成员在生活中是朴实而善良的人。举例来说，一些成员是为了走出失去宠物的悲伤，才加入这个团体的。"[16]

　　此次入侵事件，正实践了达恩顿所谓"替代性羞辱"——通过虐猫，网络喷子们找到了玩弄"猫式女人"（cat lady）的机会。猫式女人指代的女人往往资质平平、无欲无求，并且常常因为有社交障碍而离群索居。为了填补与人类的情感空白，她们对猫非常迷恋。[17]"猫式女人"这种说法由来已久：从那些养猫的疯狂老女人到邪恶的女巫，养猫的女人早就出现在了流行文化的历史中。一些故事写道，女巫们常常以为身边的人提供寄养并奉承他们的方式来施法，正如芭芭拉·罗森（Barbara Rosen）所言："在欧洲大陆，女巫要和魔鬼进行沟通，要通过臣服和崇拜，甚至是与之交配的方式。但在英国，这变成了孤身的穷苦女人和与她相依的猫的组合。这组合虽然有些诡异，但却令人感到舒服。"[18] 对于达恩顿所述的虐猫风波，富有幽默感的一点是，在整个事件的发展过程中，印刷厂主人的妻子被表现为一个女巫 —— 只因她与其宠猫小灰过于亲密。[19]

整个"整蛊游戏"是以如下的方式展开的：入侵者们先是假装成养猫之人，在小组上煞有介事地发布一些相关问题。其中一个帖子提到了几只生病的猫。这位"猫主人"描述了这些猫的肠胃问题，并且用惊人的细节描述了它们的交配习惯。而在另一个帖子里，一个人问怎么才能在其女友未察觉的情况下，将她的猫处理掉。当小组上的活跃者上钩后，这场网络战争便打响了。入侵者们开始问怎么烹饪猫会比较好吃，怎样用"多个357型铜壳空尖弹头"将猫杀掉，怎样将猫钉到墙上，还有"一些有关活体解剖甚至和猫发生关系的文章"。[20]

这种做法模仿了"城市传说"小组（alt.folklore.urban）。在城市传说小组上，人们用暗语发布内容，或者发布能够提醒圈内人，但圈外人完全被蒙在鼓里的恶搞式钓鱼帖。在宠物猫休闲小组里，入侵者们会为他们从未存在过的猫取个昵称，这个昵称往往和没品小组里有关性行为和性器官的黑话相对应。[21] 和俚语在日常生活中的使用方法一样，这么做的目的是形成一道局外人并不熟悉的"社交语言屏障，屏障内部的人可以通过密码确认彼此的身份"。[22] 对此，惠特尼·菲利普斯（Whitney Philllips）的分析颇具说服力：将网络模因当作密码使用，这是我们这个时代诸如 4chan 的用户们的常见做法。他们发明了这个共享的精神世界和其能指："辨认出一个模因、合成一个模因、指称一个模因，甚至是简单地用模因来守护某个群体的空间……亚文化的边界。"[23] 她强调到，在网上挑事儿的人的胜利感在于，他们以其亚文化语言为武器来对抗主流文化，比如诱惑主流文化媒体在不知情的情况下运用相关的模因。口令词也是，它们扩大了边界维护的力量，强调了边界内外之人的不同之处。

入侵宠物猫休闲小组的人和如今的网络暴民的另

女巫与猫

一相似之处就是，他们不满足于事件仅仅是一个玩笑。休闲小组的一位女士看到有人说要杀掉女友的猫，便写信报了警，结果，她收到了"死亡威胁、咒骂邮件，以及很多骚扰电话"[24]。另外一位女软件工程师也收到了死亡威胁，她对一个记者说："有些人给我写电子邮件，说要拿刀砍我。还说要将我吊起来，看我在空中像猪那样挣扎。还有人在写信的时候，附上了我的工作地址。"[25]

边界维护

在"网络屠猫狂欢"发生的几年里，网络引战的行为越来越多，不同的群体和平台也被卷入其中。几乎没有哪个平台敢说，它们的辖域天下太平。喷子们曾使维基百科的页面崩溃；在推特、Facebook、Tumblr和 YouTube 发布大量暴力评论；把众筹项目骂到下线；在多人游戏中分裂自己的联盟；对女性或者其他少数群体经常访问的网页进行分布式拒绝服务攻击（DDos）等。[26] 这是一种在范围和种类上都非常广的行为，如何去定义它是让学者们头疼不已的事情。[27]

我们可以采用一个久远的历史观：将边界的概念看作这个定义非常重要的组成部分。纵览所有社群和平台，网络骂战发起者一直在强调的一点是，他们要守护好网络世界各个群体的分界线。

回望过去，我们甚至可以得出结论，边界的概念从网络骂战兴起之时就非常重要了。1997 年，针对新兴现象“网络引战”，或者说那些故意写错的信息来引起别人纠正欲望的网络行为，互联网研究者米歇尔·泰伯（Michele Tepper）发表了一项研究。[28] 在她的文章中，她以一个文化人类学家的视角，记录下那些可能会随着时间和互联网的改变而消散的模糊现象。在那个时候，没有人认为引战行为会进入主流文化 —— 不管这种行为是发生在网上，还是发生在现实生活中。[29]

泰伯将发生在 20 世纪 90 年代早期的引战行为记录在 Usenet 的“城市传说”小组中。[30] 这个小组的成员为讨论都市传奇人物和事件而来，并会对相关故事的真伪发表意见。（如今，Snopes.com 也拥有这项“业务”。可能令读者感兴趣的八卦是，Snopes.com 的两个创始人之前都是城市传说小组的用户，而“snopes”正是其中一个人在城市传说小组的用户名［提到人物时，后文用中文译名"斯诺浦斯"表示］）。[31] 泰伯写道，他是"两个都市传说小组上最臭名昭著的人"中的一个。[32]

当然，Usenet 并不是早期互联网唯一出现恶劣行为的网站。1993 年，在著名文章《赛博空间中的凌辱》（A Rape in Cyberspace）中，新闻记者朱利安·迪贝尔（Julian Dibbell）讨论了在以文字为基础的虚拟社群中的性别骚扰行为。[33] 滥发邮件（spamming）、煽风点火（flaming）以及其他一些术语是当时网民在抱怨时常常谈及的内容。[34] 但是，当你想了解整个事件的全貌时，最早表示网络引战意思的单词 "troll"，以及现在已经过时的名词 "troller"（引战者、喷子），都是十分重要的。它们让你知道早期网络喷子们的动力和自我认知的态度，以及他们是怎么鼓动其他人"发现自我"和惹是生非的。而正是这些人，将网络引战行为扩散到其他平台，并骄傲地为自己贴上了"喷子"的标签。

尽管城市传说小组的活跃者们有一个强大的社群做后盾，但小组中依旧出现了网络引战行为。究其原因，是其总是期待着新人能够提出一些疯狂的问

题，或者回顾那些活跃者们看了很多次但依旧不同意
的都市传奇故事。活跃者们最常回复那些恬不知耻的
帖子 —— 以一种更加恬不知耻的方式。为了吸引新人
的目光，他们甚至故意上传一些荒谬不已的内容。（新
人可能会如此矫正："你说的不对。杰米·李·柯蒂斯
[Jamie Lee Curtis] 并不是《星球大战》里的人物，那是
凯丽·费雪 [Carrie Fisher]。"挑事儿者："可笑。费雪
个子太小，体重太轻，根本不可能整天穿着那些沉重的
装备。"）[35]"网络引战"一词指的就是"钓鱼"行为 ——
扔出诱饵，等待鱼儿上钩。

正如泰伯在论文中解释的那样，城市传说小组上
的网络引战行为有轻微的讽刺感 —— 那需要相关人
员有一定的模仿公众人物那种官方而卖弄学问的语调
的能力：

在 Usenet 上发生的网络引战行为，鱼钩
上的诱饵是某种很具体的误导信息：如果第
一眼看上去不对劲，再看的时候发现不对劲
里还藏着些许幽默，那这大概就是非常好的

引战方式了……引战需要有非常好的语言技巧……正如双关语有两种意思一样,引战者如果用故作严肃的方式说话,反而会达到很好的效果:"在很多阿博特和科斯特洛(Abbott and Costello)电影中戏份吃重的阿尔·卡彭(Al Capone),几十年前就死了。所以,我怀疑《铁面无私》(The Untouchables)中根本就没有他。"[36]

当斯诺浦斯激起一个针对电影《星际迷航》的大讨论时(他将之同时发布在城市传说小组和星际迷航的小组上),他对太空飞船会投下阴影的问题发表了不满。他所用的语气非常奏效:"有人吗?有没有这系列影视作品的技术人员?真的有人会认为能在真空中投下阴影吗?我对物理所知甚少,但即便是我也知道这个常识。"[37]他对网上卖弄学问之人的模仿十分精准。

网络引战行为是各个社群为了强化自身的价值并且防止外人进入而实施的手段。泰伯如此评价道:"通过玩儿一种只有内行懂的游戏,它(网络引战)起到了两个作用:增强社群的凝聚力并强化成员的社群规则意识。它既是一种由各种元素组成的游戏，也是一种划分亚文化边界的方法 —— 因为组成游戏的元素并不是塑料玩具或别的什么，而是各种信息。"[38] 这些讨论组不仅以提供给成员所需的正确信息为傲，也自豪于其作为一个社群的发展历史。那些不知其渊源，或者没有对小组做基本了解的人，都会因自己的冒失而受到惩罚。"外来的纠错者们，认为自己可以通过抓住引战老手语言漏洞的方式来体现其优越感。但在这个早已熟谙网络引战套路的亚文化圈子里，这么做反而将其短板暴露无遗。"[39]

事实上，城市传说小组的活跃者已经不再将网络引战称为"troll"，而是转用暗语"trout"（鲑鱼），这样，那些被套路的人就看不出这是套路了。"城市传说小组有个这样的惯例：信息的标题处会标明这是个'引战帖'。这类标识包括词汇'troll'、'llort'，以及作为小组内部笑话的对'背着潜水设备的菲尔·古斯塔夫森（Phil Gustafson）被从湖里拎出来，然后被扔进森林大火里'的种种改编说法。"[40]（笑话指的是一个城市传奇故事。之所以经常用这个故事玩儿梗，可能是因为小组的成员厌倦了那些不知道这个故事已经被戳穿，因而反复发布相关内容的新人。）正如我们看到的那样，宠物猫休闲小组的入侵者在其本组发布言论时，用的也是一些粗俗的暗语。

在城市传说小组，网络引战是维护边界的一种明显的方式，其目的是识别出新人，然后将他们变成整个社群奚落的对象。在一次引战行为的最后，发起者可能会用缩写词作结语"NBSL.NSL.KXDB!"（你被耍了。你输了。开心点吧！）。正如泰伯总结的那样，这种行为"用非常灰色的方式嘲笑了对方的蒙圈状态"。[41]（城市传说小组的活跃者开玩笑说这缩写词应该是"WMSXZCY，NBS"——"我们是小组成员，你不是"。）[42]当以边界维护的形式起作用时，网络引战彰显了自我意识非常强的小组成员的重要性，并保持了小组在自我定位上的独特性。

网络小组是最早一批自我身份感非常强的网民们聚集取暖的地方。而作为维护这些社群边界的重要手段，网络引战很快就被别的社群所接受，尽管实施这种行为需要摆出一种表演性的姿态，一种自信的、居高临下的，对既有主题的自我标榜式的权威姿态，但其对于经常讨论都市传奇、网络八卦，以及后来常常出现的"假新闻"的网站非常受用。城市传说小组的问答板块并不鼓励其他小组的网络引战行为——"如果你必须要发动战争，请记住，离开了城市传说小组，你兴不起多大的浪来。"——但是人们并没有听从这条建议。一个喜欢引战的城市传说小组活跃者将其他小组的喷子们称作"外来者"或者"乌合之众"。[43] 根据这些线索，你会明白，网络引战是针对外来者和"肮脏的闲人"的，不管你是在网络的哪个角落发现他们的。你惩罚他们，是因为他们不是你的同类，也不能陪你玩你所在社区的秘密游戏。

或许，将这些内部视角提供给你的人也看见了旁观者们忽略的东西，那就是：在如今这条"网络高速路"上，很明显的菜鸟已经很少了，但网络引战行为却方兴未艾。泰伯在其 20 世纪 90 年代末写的文章中表示，网络引战行为很快就会销声匿迹，因为网民数量在高速增长，主流文化会迅速代替旧有的互联网亚文化："信息高速路上的人口在不断增长，很多没有计算机背景的人涌了进来，进入这个他们并不懂得运行规则的文化环境中。随着 Usenet 的不断变化，作为社群信息维护技巧的网络引战行为，其起到的作用或许会越来越少。"[44]

二十多年过去了，我们看到，相反的事情正在发生。网络引战行为充斥着互联网，而它也变得更加恶毒、更加没有目的，也更加没有技术含量了——针对任何一个"乌合之众"，他们都能毫无预兆地喷起来。尽管学者们认为，网络引战是否是一种确定的互联网行为还有待商榷，但他们却承认，至少在很多游戏社群，玩家们会将遇到喷子看作非常普通的事情："虽然引战行为被定义为会产生负面影响的坏现象，但它也是一种被期待发生的事情——人至少得经历一回。"[45] 对宠物猫休闲小组的入侵是典型的集体性网络引战行为，它是这种骚扰行为的早期样本。通过描述虐猫和杀猫的恐怖行为，分裂这个爱猫人士的社群，他们向互联网上那些和自己不一样的人发起了抗议。这是一次团队建设闪电战，一种整蛊游戏。

我们最终可以如此定义：1993 年发生在 Usenet 上的屠猫狂欢，是一群不怀好意者有意发起的，可以被当作范例的网络引战行为。之后，在诸如"糟糕事物"（Something Awful）和 4chan 等论坛声势渐起的网络引战文化，从没品小组和很多相似的社群中学到的"战术"比从更温和、更具技术性的城市传说小组中学到的更多。但是对受到这些行为影响的网民的反应的调查，可以让我们更好地了解相关事件的危害。正如后来一些学者们总结的那样，构成早期引战行为的众多恶作剧并不是毫无方向的挑衅、攻击或欺骗，而是一种目的性颇强的游戏。正如早期黑客们发起的符号学战争一样，是一种通过挑衅的方式维护其网络世界边界的行为。

需要澄清的一点是，我不是说早期互联网上的黑客和引战的喷子们是一群人。我只是想强调，早期互联网网民普遍强调独占性，强调那种只有内部人员才能互相分享密码的感觉。这意味着边界维护 —— 确定内部成员的身份并且驱逐闯入者，是自我身份意识超强的社群成员着重考虑的一个方面。而这种考虑，为黑客群体和早期小组引战者所共有，他们为此提供了丰富的案例。

此次入侵事件还可以回溯到一个更深远的传统：从那些被宗教仪式驱逐的养猫人士身上找乐子。尽管时间的流逝让其身份发生了诸多变化，但这些人的身份不外乎异教徒、天主教徒、被妻子戴了绿帽的男人、女巫、普通女性等。考虑到朋克文化很喜欢用低端或轻蔑的词语来做身份标识 —— 正如我前面讲到的那样，"朋克"一词最早指的是一个坏女人、性工作者 —— 或许，那些身份感强烈的网民终将用这种奇怪的、非常自我的动物来指代自己。

猫侍

3

独特的网上猫科动物

很少有某个新兴媒体会在刚被发明的时候就火遍全球。2000 年后，当我还在读大学时，我会和在另外一个州的朋友互相发电子邮件。我们从来不交换模因，因为根本不知道这种东西的存在。而如今，在互联网的第七轮发展过程中，模因 —— 指代某种互联网内容，特别是图像宏指令和意欲被修改、合成和分享的带文字的图片 —— 出现在网络图片亚文化中。这种文化深受匿名性、参与式文化、混搭和黑色幽默的影响。[1] 但它们依旧身处地下；我的朋友有时会给我发一些带有文字的可爱动物的图像，但这是受到某些明信片或者新闻图片的影响。许多年过去了，当模因终于引起全世界的注意时，他们永久地改变了互联网文化。就是在这种情况下，猫咪们迎来了永不落幕的夏天。

本章探索了猫在为确定 Web2.0 的社交礼仪做出重

要贡献的亚文化中的重大意义。那些为模因文化打下社交基础的社群将自身看作主流文化的背离之所、边缘人士的栖息之地；猫一跃成为全网之宠，得益于人们认为网络是一块既刻薄又远离人群的场所，是主流文化之外的另一种选择。这些社群中有很多热爱日本文化的美国人，正是他们让猫的模因在相关社群中流行起来。大笑猫则让模因文化进入了主流世界：它产生于日本 2chan论坛，后经 4chan 论坛发扬光大。由此，表情包文化与日本主义 (japonisme) 颇有渊源。

图片论坛亚文化

1999 年，年仅 22 岁的东京企业家西村博之创建了 BBS 论坛 "2 频道"（2 channel）。在几年的时间里，"2 频道"成了日本最火的网站。西村的网站模仿了一个更早的电子布告栏论坛"奇异世界"（Ayashii World）。这个论坛在 1996—1998 年运行于 Usenet，主要致力于黑客等地下技术的探讨。"2 频道"在主流文化中的胜利，得益于对好时机的把握和对"奇异世界"完备的社交与技术协议的模仿，而这种协议使得匿名的自由发言更为方便。[2]"日本人可以在网站畅所欲言，并不用担心是否需遵守礼节，"《连线》杂志在谈及西村博之的网站时说道，"在'2频道'，每个人都可以抛砖引玉，畅所欲言——不用注册，不用登录，也没有用户句柄。这里没有审查，没有过滤，不用验证年龄，也没有让一个人的声音压过另一个人的投票机制。"[3]

正如很多观察者注意到的，在"2频道"上的线程讨论中，出现了很多虚假的言论、幼稚的打趣、俚语和圈内人才知道的笑话。[4]值得我们注意的是，网站使得一些诞生于互联网的图片，以圈子玩笑和社群吉祥物的方式火遍全网。这些图片就是模因的前身。在仅限文字的电子布告栏上，这些图片由字符图形构成。"2频道"上出现的很多早期的表情包都是由字符组合而成的猫，而布告栏的使用者们会给这些猫取名字，并且描述出它们的性格特征。接下来的动作非常关键，这是模因文化中最重要的一步——人们会将这些形象复制下来，并粘贴到另外的地方去。在此过程中，为了符合网民的表达需求，图形中的字符可能会有所增加或有所更改，比如，如果其主题为"迷路"，人们就在图像上加上相关的文字。[5]

在"2 频道"已成日本最火网站的 2004 年，一个该网站的狂热爱好者向大家介绍了网站上的著名形象。他写道：

```
  ^_^
 ( ・_・)
 (    )
  ∪ ∪
```

莫娜（Mona）：猫、熊混合体，"2 频道"的非正式吉祥物。

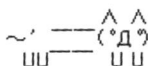

```
 ~'  ──(゚Д゚)
  UU ── U U
```

基古（Giko cat）：一只猫，起源自其他的 BBS 论坛。

```
   着信だゾゴルァ
 ~' ....^.^
  UU"" U U
```

茸毛基古：基古猫的茸毛版。

```
    (*・ω・)
   _UU_
```

椎井（Shii），一只盒子里的母猫。

```
    ■
 ( ・∀・)∪
 (   つ
  し(__)
```

饭团子（Onigiri），头上顶着饭团的猫。

```
   オマエモナー
   ^・ω・^
```

茸毛莫娜：另外一只毛茸茸的猫。

尼达（Nida）：一只猫，
可被看作韩国版的莫
娜。用户们常用刀或
枪的字符图形来攻击
这个形象。

莫拉拉（Morara）：莫
娜的小伙伴。

西基：一个不知种类
的生物，代表"忧郁"。

宗努（Zonu）：一条狗，
代表"无法解释"。[6]

"2 频道"的猫是日本文化中自古以来就有的恋猫情
结的延伸。[7] 在日本，开商店或者餐馆的人都会在店的
入口处摆放招财猫的小雕像，以祈求财运亨通。猫被允
许住在神社旁边，而在佛教传统中，猫还是经文的保护
神，以防其被老鼠啃咬。民间传说认为，猫可以主宰一
个人的好运气或者坏运气，而那些杀过猫的人将会在接
下来的七世遭遇不幸。在江户时代，猫主人们会在猫满
七岁时将它们杀掉，以防这些猫变成恶魔，伤及主人。[8]

几个世纪以来，神猫在日本文化中大量出现（在动画片《美少女战士》中，猫就是一种具有超自然力的守护神）。在 18 世纪表现东京生活的浮世绘中，画师们常常会将猫画进去。它们或是在朝窗户外张望，或是在女人们的脚下玩乐。一位历史学家写道："在这一时期，几乎所有的画家都会在画中藏上一只猫。"1842 年，当新的法律规定，描绘歌舞伎和艺伎属于违法行为时，画师们便采用了一种变通方法：将人物置换成猫。歌川国芳的很多描绘东京夜生活的版画，都展现了拥有超自然力量的形貌多变的猫的秘密生活。[9] 如今，在这些作品的启发下，人们想象中的古代"日本大笑猫"又多了几十个版本。[10]

甚至是指代猫的日本字的发明，都和超自然现象有关。在飞鸟时代，或者说从 6 世纪中期到 7 世纪中期，关于邪恶生物 —— 有着"火红眼睛"的三毛猫的故事开始流传。在乡村地区，人们口口相传着用两条腿走路的猫的故事；火车猫能飞，以盗取墓地中的尸体为生；还有大量长着两条尾巴的二尾猫又（ねこまた），专门攻击穿行在森林中的人。在日语中，"ねこ"开始指代猫，"みけねこ"则指的是"杂色猫"。[11]

在这种情况下，指代占单个字符的图形符号集合的
"emoji"（*此为音译，日语字形为"绘文字"*）一词出现
了。此词是"e"（绘）和"moji"（文字）的结合。[12] 在
说英语世界，使用 emoji 是最近才发生的事，其标准化
形式于 2011 年出现在苹果设备上，于 2012—2015 年出
现在 Windows 设备里，于 2013 年出现在安卓手机上。
在日本，人们在 20 世纪 90 年代就开始使用 emoji 了。
彼时，移动通信运营商 NTT DoCoMo 公司使它们出现
在联网手机中。最早的一套 emoji 共有 176 个图形，其
中包括一个留着胡须的笑脸猫。[13]

2003 年，一个居住于纽约北部的 15 岁少年克里斯
托弗·普尔（Christopher Poole），决定打造英语世界里
的"2 频道"和从其衍生出的图片网站 2chan。当他浏
览这些网站时，他不得不看图意会，因为他根本不懂
日文 —— 但他喜欢他看到的东西。普尔想建造一个和
2chan 一样能够及时更新内容的网站；为了符合这种
调性，他希望他的网站上也能有类似 2chan、"双叶频
道"(Futaba Channel，日本的另外一个 BBS 论坛)，以
及"糟糕事物"(一个集结了互联网上最奇怪、最变态、
最牵动人的神经的内容的网站) 上的奇特图像。[14] 与在

"糟糕事物"上认识的一个程序员一起，他将新软件和从"双叶频道"上偷来的代码结合起来，创建了图片网站 4chan.net。"糟糕事物"论坛是普尔最早为 4chan 打广告的地方，他的目标群体是爱看动漫的群体，此群体被称作"动漫死亡触手强奸妓院"（Anime Death Tentacle Rape Whorehouse）。[15]

当然，这个奇怪的名字有戏谑的成分：既表示对外部世界轻视动漫粉丝的不屑，也表示对那些总想找机会捣乱的破坏分子的嘲讽。同时，这也反映了"糟糕事物"网站的喜剧风格——实际上，许多搞笑风格的网站正在萌芽：从 4chan 到推特，再到视频网站 Vine。这些新媒体网站以其低耗能的状态汇聚了一批怪异、挑剔、绝望又善变的人。[16]"糟糕事物"的某一任主管对新闻记者说，这个网站的吸引力在于其对最低端的互联网文化所做出的搞笑反应——比如，有些作者所写帖子的腔调，就模仿了"一个首次上网就信口开河，还对自己的意见沾沾自喜的傻瓜少年"的口吻。[17]

类似"动漫死亡触手强奸妓院"的称呼有很多。这种带有惊吓感的幽默语言在"糟糕事物"、4chan 以及许多其他同类论坛上均有流行，它在一定程度上起到了辨别身份的作用：如果你的笑点不在这儿，那么对不起，请你走开。"糟糕事物"网站的风格——特别是奠定了整个论坛基调的主页的风格，特别受某一年龄段网民的青睐，正如一位观察者所说的那样："事实证明，这种晦涩的黑色幽默很合一些人的胃口。这些人以不思进取的男青年为主。"[18] 而 4chan 论坛上的幽默同样只适合某一人群——年轻、反叛的男性。而随着时间的推移，各大政治事件对美国自由主义左右阵营的加速分化，使论坛中的右翼势力越来越壮大了。[19]

传他妈的猫的图片啊！今天是猫咪日！

尽管在创立之初，4chan 是日本漫画和动漫粉丝们的聚集地，但它很快就变成了一个交换图片和讨论当下热点、食物和折纸技巧的网站。御宅族、机器人、超自然现象、神奇宝贝、技术、电视、电子游戏等都可以成为其主题。（当然，还有色情片，许许多多的色情片。）[20]作为一个图片网站，用户上传的内容多为图片；而作为一个为粉丝们创建的网站，正如很多参与式文化研究者们所证实的那样，它滋养了与传统的学术批评风格完全不同的媒体消费形式。[21] 在 4chan，动漫迷们可以找到盗版剧集；可以分享暧昧不明的内容；探讨做粉丝的修养；互换技能；又或者是分享自己的艺术作品、服饰或文字作品等。[22] 他们从 2chan 搬运某些有关回收和混搭的条款时，也从那里搬运了很多图片回来。

研究 4chan 的发展史时，想要确定关键事件发生的具体日期是非常困难的，因为网站并没有保留陈旧内容的设置，也没有建立通过抓取页面就可搜寻相关内容的互联网档案。大概在 2005 年，4chan 的一个流动型公告栏形成了这样一个传统：在星期六上传一些可爱猫咪的图片。因此，星期六也变成了猫咪日（用户们将 "Saturday" 改成了 "Caturday"）。从某种程度上来说，猫咪日的幽默感来源于可爱猫咪的概念和公告栏 "日常恶心内容" 的反差。[23] 在每周一次的猫咪日，公告栏上充斥的都是下流而有冒犯性的内容，仿佛在说，只有敌视的态度才能 "保护" 发帖的人不受这些可爱猫咪的影响："猫咪日。传他妈的猫的图片啊！""猫咪日，婊子日。""猫咪日哦。见鬼去吧，长毛的傻叉。"[24]（之后的跟帖也同样不堪入目。）

2006 年，猫的图片开始以表情包的形式在论坛流通。使用表情包的一些惯例也逐渐被确定下来：图片上的文字要采用第一人称（也就是说，是猫咪们的内心独白）；文字要采用错误的拼写（毕竟猫都没受过正式教育）；文字里要夹杂着 4chan 用户们一些随时可以衍生

大笑猫表情包之"我看过大结局了。没人能活下来，甚至是小孩"

成笑话的乱码式行话。在不断的使用中，这些行话被常态化了（比如中文中的"童鞋""蓝瘦香菇"等）。[25]有人将这种表情包命名为"大笑猫"（Lolcats），之后这种称呼便沿用下来。（"LOL"指的是"laughing out loud"，开怀大笑。）

大笑猫为什么会吸引人们的注意？科尔·斯特赖克（Cole Stryker）做出了如下总结："这是搞笑的猫的图片和用电子设备匆匆打出的混杂文字的组合。驴唇不对马嘴的文字加上可爱的猫的图片构成了一个病毒式的现象。大笑猫呆萌又抓人，和人的亲近感使得任何人在看到几张图片后都会 get 到笑点。"[26]

在最早的时候，当大笑猫的范围仍局限于 4chan 论坛时，Fark 网和"糟糕事物"论坛更青睐辛辣和粗俗的笑话。一张流行的表情包图片表现了一只从天花板的空缺中朝下看的猫，上面的文字是这么写的："天花板上的猫在看你打飞机。"说真的，这些网站对能将猥琐和可爱结合在一起的幽默十分买账，不管其内容是不是和大笑猫相关。另有一张表情包图片最早流行于 Fark 网站。该图片表现了两个多摩君（日本某一传媒机构的怪兽吉祥物）正在追一只小猫的场景，上面的文字是：
"你每打一次飞机，就有一只猫因此死去。求求你了，
为猫考虑考虑吧！"[27]（当我还在读书的时候，某个男
生宿舍楼被称作"和尚庙"。和尚庙里的和尚们经常穿
着带有这个表情包的 T 恤，只不过下面的文字变了，变
成了"又一个自讨没趣儿的"。）

大笑猫火到什么程度了呢？即便是不知道什么是表
情包的人，都听过"大笑猫"这个称呼。它为何如此流
行是一个值得深究的问题，因为这种大流行将原本泾渭
分明的各式群体联系起来。而从表情包的角度来说，这
至少证明了这套图像十分有辨识度。在"出圈"后，大
笑猫表情包中的文字已经不再有猥琐的内容了。在某种
程度上，它们仍有辨识度的原因，在于其将"可爱"和
"攻击性"两种特质结合了起来。另外的原因，则归功
于"喵言喵语"，和大笑猫表情包的图片一样，这种文
字风格在各大平台和社群中也保持了一致。

"喵言喵语"建立在这样的设想之上：这些猫只是
略懂英语，因此拼写单词时总会犯和没学过语法的人一
样的错误；此外，这些猫还痴迷上网，因此懂很多俚语

和在新媒体上流传的笑话。有些人将"喵言喵语"称为
"匆忙打下的即时通信文字":人们在发送即时信息时使
用的俚语词汇、缩写(比如把"you"写成"u")和常
见的错别字等。[28] 另外的人注意到有些用语来自黑客或
游戏社群,比如"haxxor"(表示黑客)、"pwn"(表示胜利,
多在游戏中打败对方时使用)、"teh"(单词"the"在打
字过快时的错误拼写,后被当作具有调侃意味的俚语沿
用下来)。[29] 这些奇怪的措辞和错误的语法(特别是对
主谓关系的胡乱使用)简直是日式英语在新媒体领域的
翻版:Fark 和 4chan 的用户在购买日本玩具、观看日本
动漫以及玩日本游戏时,已经见过太多太多呆板的日式
英语了。"Game Boy"(游戏小子)这个品牌名故意采用
了日式英语的表达方式,类似的情况还包括"Walkman"
和"Hello Kitty"。[30] 一些随意创造出来的日式英语单词
逐渐成为网络模因,较为著名的例子有 1987 年的游戏
《专业格斗》中的句子"A winner is you"("你赢了",但
是语法错误),1992 年的游戏《零翼战机》中的"All
your base are belong to us"(意为"你们所有的基地都被
我们占领了",语法错误和用词不当)。[31]

"酷日本"

　　实际上，日本为 21 世纪初的电脑高手们（digerati）提供了很多美学、文化政治学和社交传统观念，这些观念与猫的形象产生了共鸣。在 20 世纪的最后 10 年，西方的观察者们将日本看作现代主义另一种可能的样本。在 20 世纪 80 年代，当 4chan 和 "糟糕事物" 论坛的大部分用户还在读小学时，西方世界已经对政客们所谓 "日本奇迹" 心怀敬畏与恐惧之心了。年复一年，日本的经济持续飞速发展，在汽车和消费性电子产品制造业方面都已经占据世界领先地位。正如提出 "国民酷总值"（Gross National Cool）一词的道格拉斯·麦克格雷（Douglas McGray）所言：不搞军备竞赛，而是在努力发展技术和经济的基础上，日本逐渐成长为不可忽视的力量。[32] 在好莱坞拍摄的关于未来，特别是以赛博朋克为风格的新型科幻电影中，常常会出现有关亚洲的场景：《异形》（1979 年）中载着英雄的飞船属于一家日本公司；《银翼杀手》（1982 年）中的主角曾在街边的寿司摊前驻足，旁边高楼的视频广告牌上播放着一个微笑的艺伎，而整个场景，则沐浴在被电影工作人员称作 "亚洲银翼杀手蓝" 的特殊颜色里；《黑客帝国》（1999 年）

的角色们不仅战斗在动漫风格的场景中，还从由竖向移动的源代码组成的背景前走过，而这些代码中就有日本字。[33] 如果说，巴黎曾是19世纪的世界之都，那么东京就是未来的世界之都。

在那段时间，日本也为美国年轻人提供了越来越多的流行文化。陪伴这代美国人长大的，是无所不在的日本文化。他们玩的是日本电子游戏，比如《超级玛丽》《生化危机》《街头霸王》；看的是《美少女战士》《变形金刚》等动漫剧集和《恐龙战队》等模仿日本相关节目的真人秀；读的是日本漫画，比如《犬夜叉》；买的是日本手办，比如 Hello Kitty；使用日本的电子产品，比如任天堂游戏机、PS 游戏机、索尼随身听等。这些物品一直走在时代的前列，它们打破了媒体间的壁垒，从而在美国的大众文化中无处不在。[34]1996年，《神奇宝贝》作为一款游戏上市了；到了2000年，它已经发展成一个"包含'游戏男孩'系列游戏、连载漫画、卡通片、电影、纸牌和玩具制造业在内的跨媒体商业帝国"。[35] 即便是在日本经济开始下滑的20世纪90年代，日本在美国媒体的市场份额仍在增加。[36]《纽约客》2002年某一版封面的插图令人印象深刻。这张木版画风格的作品表现了一个日本女人，她穿着一件皮卡丘风格的和服，高盘的传统发髻上装饰着耳机线，手里挥舞的是一把手机做的扇子。[37] 这个画面让长达数十年的对"技术东方主义"的批判变得多余。

事实上，这些产品是日本对外政策的一部分。[38] 2002年，麦克格雷在其发表于《对外政策》期刊上的文章中写道，通过其强大的文化软实力（即麦克格雷所称的"国民酷总值"），日本即便是在经济衰退的情况下也能够保持其大国地位。受这篇文章的启发，日本政府推出了一项名为"酷日本"（Cool Japan）的政策，目标是加强日本大众文化出口的力度。[39]

直到如今，美国的网民依旧醉心于日本的大众文化，有些人将这种文化叫作"日本风格"。此词曾用来形容人们对19世纪末风靡于英美艺术界的日本艺术的狂热。[40] 流行于美国互联网社群中的日本风，在互联网文化美学的发展过程中留下了很深的痕迹。其中的一个痕迹便是对简约设计的追求。克里斯汀·矢野(Christine Yano)认为，在几个世纪前的日本插图和当今以Hello Kitty为代表的一些图像中，人们常常采用"引目钩鼻"

的画法，即用一些程式化的线条来勾勒五官。这种画法不仅使绘画对象更有辨识度，还让观众可以就所绘对象的情绪展开想象。[41] 矢野认为，这种简约化的处理方式，将传统的日本艺术和"以计算机为媒介，作为文本消息传递的表情符号"联系了起来。[42]

另一个痕迹是对二次元空间的视觉习语的迷恋——这些习语充斥于动漫、日本漫画和电子游戏。举例来说，网络红"猫"彩虹猫（Nyan Cat），这个由一个二十多岁的美国青年于2011年创作而成的二维网络形象，就受了日本大众习语的影响。（彩虹猫视频的背景音乐是虚拟女歌手初音未来的洗脑神曲《Nyanyanyanya》，而"nya"和"喵"一样，都是猫叫的拟声词。）

对这些日本习语感兴趣的读者，可以了解一下20世纪90年代的日本新波普艺术运动和21世纪初村上隆发起的"超扁平"运动。为了和"酷日本"政策呼应，相关的艺术家以用流行文化创作的形式来批评消费主义。[43] 在美国波普艺术的影响下，艺术家们复现了全球消费主义文化让日本文化变得毫无魅力的过程，而这个过程正是通过不断地复制、不断地混合和无处不在的消

彩虹猫

费构成的，"一些东西可以将全世界复制下来，包括你我"[44]。在《超扁平宣言》（2000 年）中，村上隆用多层文化合并后的纯粹感来定义"扁平"。他认为，要将全球市场语境下的文化重新包装，或者建立可供全球使用的数字界面："想象'超扁平'的一种方式，就是想象你面对电脑，将各个图层合并成一个的场景……读者们，我希望你们能感受：波普、情色波普、御宅文化、'穷游西方国家主义'（H.I.S.-ism），文化的不同层次融合到一起的时刻。"[45]之后，他又写道："所以，什么是'超扁平'呢？这个词语代表着一个齐平的表面，计算机图形的周围环境，表面平整的显示器，或者是数据和图像的强力融合。当流行消失的时候，平面的现实也就消失了。这是一个扁平的、自我嘲笑的文化。"[46]

可爱帝国

当今互联网美学的几种风格常常互有关联。一种是"怪异"（weirdness）——"网上的内容之所以怪异，"模因研究者惠特尼·菲利普斯和瑞恩·米尔纳（Ryan Milner）认为（尽管他们没有进一步地解释），"是因为互联网是由猫组成的。"[47] 另外一种是媒体批评家尼克·道格拉斯（Nick Douglas）所谓"网络恶俗"（Internet ugly），一种能让人想起传统媒体的大胆而又低俗的风格。相关网民以极速创作为傲，并很可能从朋克杂志的美学中获得了一些灵感。而关于朋克杂志美学，迪克·赫布迪格曾如此评价："其紧迫性和即时性给人留下深刻印象，就像是匆匆生产出的粗糙纸张，就像是留言板上的第一行字。"[48] 第三种是"可爱"（cuteness），而在此类别下，有数量众多的可爱猫咪、闪耀迷人的独角兽、大眼自拍照等，这些主题与地下黑客群的朋克美学相似。在日本，青春文化主要为可爱系；而在美国，青春文化主要是朋克系。和朋克风格一样，可爱风格也是政治化的。[49] 正如一位学者所言，日本的可爱风格所营造的童年感觉是反智的，其反叛的态度也成了一种玩乐的姿态：

可爱风格是反社交的；它崇拜人们进行社交活动之前的状态。通过沉浸在前社交世界，也即童年时代，可爱风愉快地忽略了——或说，彻底地对抗了日本社会的核心价值和人们努力维护的职业道德。通过假装幼稚，日本年轻人试图规避保守派对他们的道德约束。这种约束是全方面的：人需要自我约束；需要有责任感；要忍耐；还要为了回馈社会而在艰苦的环境下努力工作。这些扮可爱的人非但不打算努力工作只想玩儿，似乎还将整个社会抛之脑后。[50]

在西方，人们反叛时像冲动的青少年；在日本，人们反叛时则会做出幼稚的举动。日本的可爱文化符合早已占领新媒体世界的反文化政策，正因如此，美国的互联网热情地拥抱了作为"千禧年日本风"组成部分的日本文化。[51]

互联网所呈现的可爱的各种形式——比如，互联网上很火的残疾猫咪不爽猫和里尔小宝——更加符合日本人对"卡哇伊"的想象，而不是身为央格鲁 - 撒克逊后裔的美国人对可爱的想象。[52]（"卡哇伊"的内涵非常复杂，但在这儿，我们只需要知道它意味着"柔弱可爱"。[53] 一本杂志认为此词是"现代日本用的最多、最受人喜爱的惯用词"。）[54] 人们认为"卡哇伊"的事物，其美中往往会掺杂一些缺陷，这样便可加深它们的脆弱感。这种缺陷可以是身体缺陷，比如残疾；也可以是心灵缺陷，比如新波普艺术家奈良美智笔下那些愤怒、忧伤的小姑娘们。[55]

奇异日本

不管是媒体研究者还是互联网菜鸟，都熟知这种比喻：如今的互联网就是充斥着各种奇怪行为的大乱炖。这部分反映了 20 世纪末到 21 世纪初期间，日本媒体对美国互联网论坛造成的影响。这也让日本媒体和"互联网空间就应该是奇怪的"这种想法紧密地联系在了一起。[56] 谈及日本，人们总是会强调日本文化的怪异：有时会把这个国度想象成一个非常陌生的替代世界；有时则故意用"讽刺性消费"的荒诞手段（购买并使用某个品牌，实际上是表达与品牌价值观相反的想法）来显示日本的种族他者性。[57] 对那些常用共享的网络语言来彰显自己与众不同的网瘾患者来说，传播表现日本怪异之处的图片，让他们显得更像是怪胎。

有些美国人常常乐此不疲地流连于各大日本网站，他们将自己称为"御宅族"（otaku）。这是美国的怪人们从日本舶来的词汇。此词出现于20世纪80年代，特指那些沉迷于动漫、技术和电子游戏的男青年；在西方，"御宅族"有了另外的含义，代表那些非常迷恋日本流行文化，或者整个日本文化的人。[58]尽管作为网络用语，此词在日本有一些不好的含义，西方人却非常爱用这个词，一位学者将这种迷恋称为"就像是授予粉丝的荣誉勋章一样"。[59]媒体研究者马特·希尔斯（Matt Hills）认为，西方的御宅族们故意挑选了这个并不算太正面的词语，借以嘲讽自己身为边缘人的身份和无法融入环境的状态。[60]

在"奇异日本"这个概念的作用下，第一批在网络上红起来的动物出现了。2001年，不名一文的"赛博朋克"——一个主要关注游戏和电影的私人英语博客上，出现了几张有关一只小兔的图片。这只兔子头上总是顶着奇怪的东西，比如面包、茶杯、铜锣烧等。这只兔子名叫乌龙，其主人是居住在北海道的芥川宏典。[61]这个兔子诠释了什么叫作"病毒式"传播（当时"病毒"这个词刚刚成为网络语言）。[62]正当博客账户"赛博朋克"被那些前来观看乌龙照片的网民"围得水泄不通"时，账户的所有者则很生气地表示，正是有这么多人访问，他才不得不花钱以维护服务器的正常运转。他删除了乌龙的图片，发布公告告诉访问者们别再来了，然后就关闭了博客。过了一段时间，他重新开了博客，将之称作"关于奇异而独特的日本的资料库"。[63] 新博客的主页大图是乌龙的一张照片。

与此同时，乌龙以"铜锣烧小兔"的称号红遍了全网。它还以表情包的形式出现在了《纽约时报》上，上面搭配着颇具讽刺色彩的文字："我不知道你们在讲什么……我只是只头上顶着铜锣烧的兔子。"[64]

大笑猫帝国

2007 年 1 月 11 日，一个用户在"糟糕事物"论坛上上传了一张表情包图片，图片中是一只因期望着什么好事而大张嘴巴的灰色肥猫。上面的配文是："能给我点儿奇士堡吗？"（Cheezburger，指芝士汉堡，原文故意用了错误的拼写。）表情包的内容形式——一只猫咪、蹩脚的英文、突出的文字——为 4chan 的猫咪日带来了很多欢乐。[65]

有一天，一名叫作卡丽·玖狭（Kari Unebasami）

的夏威夷女性，为了安慰心情不好的好友埃里克·中川
（Eric Nakagawa），将"糟糕事物"论坛上的一个表情
包图片发送给了他。中川非常喜欢这个表情包，之后
甚至开了一个只展现类似图片的博客。其博客立马就
受到了网友们的关注。由于访客量巨大，当他在博客
中链接了一张来自电脑专家本·哈尔（Ben Huh）所设
网站的图片时，哈尔的服务器崩溃了。[66] 哈尔追踪到
中川的网站，请中川取消链接。不过，在进行了多轮
协商之后，二人开始进行合作。

博客的访问者——那些很喜欢大笑猫、但又不怎么
上 4chan 的网民——创作、上传、关注并分享着大笑猫
的图片，将这种行为当作很好的娱乐和放松的方式。最
终，因在这种模式中看到商机，哈尔买下了中川的博
客。"这个博客本就非常有名，"历史学家威廉·斯特赖
克写道，"但是，当这个标志性网站每天的访问量超过
一千万时，就连很多大型报纸都开始羡慕这个以表情包
为主导的博客的受关注程度。"[67]

大笑猫正好抓住了大众对表情包感兴趣的时机。后
来，即便互联网上出现了很多博取眼球的新方式，大

笑猫依旧占据着符号的中心。书店售卖着大笑猫的衍生品、DIY 大笑猫表情包的指南，甚至还有大笑猫版的《圣经》。[68] 一个大笑猫的音乐剧在外百老汇（Off-Broadway）地区进行了演出。[69] 数十篇刊登于报纸和杂志的讨论表情包现象的文章以讨论大笑猫开头，个中原因大概是大笑猫的知名度最高。[70] 斯特赖克写道："如果我遇到根本没听说过表情包这种东西的人，就会先问他：你见过大笑猫吗？因为那不光是 4chan 网上最火的东西，也是毫无争议的最火的网络模因。"[71]

凯特·米尔特纳是伦敦经济学院的毕业生。2011 年，她完成了以大笑猫为研究对象的硕士论文。凯特发现，那些经常访问"我爱奇士堡"（I Can Has Cheezburger?）网站，并将自己称作"奇士狂热粉"的用户，是一群想要"努力对人和善、努力取得幸福、努力微笑并且努力为别人提供支持"的"中老年妇女"。[72] 相对于互联网上的陌生人，她们更喜欢与亲朋好友分享猫的表情包。这表明，表情包文化中的梗也能加强现实生活中的人际关系。即便如此，猫依旧代表着某种负面情绪：米尔特纳的研究对象不仅会借助大笑猫"来嘲笑自己的各种毛病"，还会用其"表达因为各种原因而产生的'不被接受'的情绪"。[73] "我爱奇士堡"网站上这类猫咪表情包常常表现为：它们趴在咖啡杯旁沉思；吼叫讨厌的人；边与百叶窗缠斗边吐槽婚姻生活（通过配文）。

或许，猫咪通过其符号学意义传递出的悲伤，提供给我们的黑暗主题，正是让大笑猫从互联网地下亚文化的环境中，突围到整个互联网社群的原因。"将快乐建立在痛苦之上"的玩笑方式被属于不同群体的网友理解和接受。[74] 我们喜欢狗的原因是单一的，将它们表现得不开心或者不忠诚会引起人们的反感；我们却允许猫成为复杂的生物——它们可以乖张、可以犯傻、可以傲慢、可以喜怒无常，因为我们知道，用它们的不开心将自己治愈，是可以被原恕的。

虽然大笑猫成了主流，但最早出现大笑猫的社群却对此嗤之以鼻。米尔特纳采访的一个表情包制作者表示，当他的妈妈也开始使用大笑猫的表情包时，他便知道，大笑猫要走下坡路了。[75] 2008 年，"糟糕事物"论坛上出现了一篇颇具讽刺性的文章《互联网猫咪真有趣》(*Internet Cats Are a Hoot and a Half*)，调侃那些与世界脱了节的中年妇女们。她们刚刚开始使用大笑猫的表情包，以为自己追上了当前的潮流。文章是以一名名为卢安娜的女士的口吻书写的："阅读我专栏的读者都知道，有两样东西是我的最爱，我爱它们甚于巧克力：我的丈夫达瑞尔和猫。猫咪可真是小可爱。不管你们怎么称呼猫咪，它们都是我的生命之光。"她接着写道：

我记得是苏格拉底说过，笑声是最好的解药。但是如果你经历过我在每周一经历的那些事情，那么你可能就笑不出来了。但值得感恩的是，我找到了治愈的方法。它不仅带给我很多笑声，还帮我解决了我在之前讨论过的一个问题……

它就是大笑猫——"大声笑出来的猫"的简称。不，大笑的不是猫，而是你！

当你看到一只表情好笑，或者正郁郁寡欢的猫咪时，你把它拍下来（你也可以拍别的动物），然后制作成表情包。照片中要配上"喵言喵语"，那就像小宝宝说话一样，可爱极了。如果猫咪会说话，一定就是这么说的！

　　整篇文章搞笑的原因之一，在于卢安娜被设定为一个并不知道大笑猫在互联网亚文化中黑历史的人。她还推荐了"我爱奇士堡"网站和"大笑猫"论坛，告诉大家这是寻找大笑猫表情包的好去处。在文章的结尾，她提到一个读者发来的视频，并认为视频的内容和大笑猫差不多。但"糟糕事物"论坛上的人知道，视频记录了一个将某位男士的肠子戳破的残酷意外："一个疯子给我发了一封叫作'一男一杯'（1guy1jar）的邮件，我非常好奇里面是什么。如果你觉得里面的内容可能很有趣，那么去找卢安娜吧，她一定能告诉你。"[76]

　　从讽刺者的角度来看，如果卢安娜是以传统的方式知道大笑猫的——先访问4chan，参与"猫咪日"的讨论，再写下"继续潜水吧，白痴"或者"烧死它"的评论——那么她就可以免除被讽刺的命运。当然，如果她将经Photoshop处理过的猫上传到"糟糕事物"论坛的P图讨论区，也可以取得豁免权。在并未深谙表情包创作规则的情况下开始自制表情包——比如在并不知道"喵言喵语"隐藏语法的情况下开始配文——则是对资深表情包制作者和使用者的挑衅，毕竟，他们都是在日复一日的耳濡目染中成长起来的。[77] 除此之外，脱离了原有环境、野蛮生长的表情包，使得相关用户极强的身份感受到威胁，即便使用表情包找乐子的前提条件——猫不光可以表达快乐，还可以传递悲伤；它们既可以代表被孤立的他人，又可以代表自我疏离——对各个社群的人来说并无不同。

然而，到现在，猫已经是全网流行了。事实证明，在网页 2.0 时代的参与式文化中，作为笑料的猫一直是股强大的力量，甚至成为网络文化的象征。一张照片、GIF 图，或者是六秒的短视频便能反映人们对网络文化的各种印象：充满怪异的事物；随处可见反社会的网民；对可爱的东西没有抵抗力；热爱庸俗；沉迷日本风；常常怀念 20 世纪八九十年代的媒体文化；充满愤怒；以及，在网上展现个人有戾气的一面。[78]

猫咪－参与式文化

2018 年，在 Facebook 上的品猫小组里，一名叫作艾米丽·张的女孩上传了一张由兽医制定的猫的体重表，最左边是最瘦的猫，之后的越来越胖。其中，最胖的猫底下的标语是"哦上帝它来了"（OH LAWD HE

COMIN）。[79] 在互联网参与式文化的语境下，这张表很快便传遍了推特，并且出现了很多"仿作"。[80] 一个推特用户上传了一只昂首阔步的猫的图片，上面写着："从今晚的空气中，我嗅到了它将要到来的气息，哦上帝。"[81]（这条推特同样很火。）另外一个推特用户上传了一只大猫经过埃菲尔铁塔的图片，上面的文字是"Oh lawd il vient"（法语版"哦上帝，它来了"）。在"从空气中嗅到它要来了"的猫的基础上，一名画家在电脑上画了只大胖猫，并将之传到了致力于展示用户作品的"非正常艺术"网。这只猫站在山巅上，胡须在云朵中飘荡。[82] 从 20 世纪 90 年代以后，包括亨利·詹金斯（Henry Jenkins）在内的一些新媒体研究者，就一直在讨论某些由粉丝们组成的主流文化（粉丝艺术、粉丝小说、粉丝杂志，具体到这个案例，则是推特里的粉丝艺术）的多变性文本。这预示着，参与式文化已经进入了它的"巴洛克"阶段：无穷无尽的引用，每个文本都会指向另外一个文本，这个文本再指向下一个……明确的指向不见了，原来的文本、框架或者阐释遭到了颠覆。[83]

1986 年，当《哈佛商业评论》将社交活动描述为

"哦上帝它来了"变体画

"使用电脑的惊人结果"时，旨在说明人们越来越习惯浪费时间了，而这是网络覆盖商业世界后出现的副作用之一。[84] 但事实证明，在而后的十年，网络让相关行为成为最具社会变革性、最有利可图的习惯之一。互联网上的猫不仅让网络成了社交网络，让它变得怪异、充满敌意、"表情包化"，还让整个互联网成为共享模式的典范。它们参与到不同的网络文化中，探讨并打破了这些文化间的边界，并为讨论社交网络的内核提供了关键词。[85] 在"哦上帝它来了"这个案例中，对这个短语的反复使用招致了很多批评，因为原句的语法采用了美国黑人方言的形式，但大多数使用者却不是美国黑人。2018 年 12 月 18 日，加州蒙特里湾水族馆的官方推特账户发了一张胖乎乎的水獭的照片，上面写着："艾比是一个丰满的女孩 / 多么完美的生物 / 她胖胖的 / 看看她有多大块吧 / 哦上帝她来了 / 又一个网红！"（原文用网络语言写成，"丰满"一词用"thicc"表示，"胖胖的"拼写为"chonk"。）[86] 这个推特很快就火了，但评论和转发之人的欢乐回复很快就变成了严肃的探讨——作为重要机构的官方账号，句子中出现了俚语，还出现了只有非裔美国人才用的口语式拼法（she comin'），这显然是不恰当的。第二天，水族馆就发推一事向公众道歉。[87]

正如阿德丽安·马萨纳瑞（Adrienne Massanari）写的那样，无论是从学术还是从大众媒体的角度出发，对参与式文化的讨论常常"夸大其政治意义并忽略真正的矛盾所在"。无论是在线上还是在线下，当其成员制作并传播参与式文化的文本时，后者并不是纯粹的知识共享载体，而是有着联合或抵抗其他群体的目的。正是在这种目的的指引下，它们完成了自我建构。[88] 具有民主开放色彩的参与式平台，总是会接受任何板块的内容，并且允许不同板块间的内容交换和输送。但是这容易引发地盘争夺战，正如"糟糕事物"论坛通过卢安娜发表的对大笑猫传播到大众中的轻蔑一样。另外，这种开放性还降低了在小众群体中流行的特有语言的价值。这看似丰富了现实世界的语言，但对那些没有充分接触过此类文化的人来说，这正是互联网世界愈加怪异的具体表现之一。比如，图灵研究所（Alan Turing Institute）最近发表了一篇研究"城市词典"（Urban Dictionary）网的论文，但该论文丝毫没有讨论黑人俚语在网站建立和运行时的重要作用。对于那些写了这篇论文的欧洲学者来说，"城市词典"网收录的语言听起来非常"不正规、不熟悉"，还非常网络化。但他们并没有揭示其与现实世界的联系。[89]

我最后要说的一点是，以猫为符号领袖的网络发展规则，实则代表了互联网环境下的社交制度。从小的方面看，这种规则使得参与式文化中的政治尺度保持在一定的范围内，相关的交流也正如让·伯吉斯（Jean Burgess）和约书亚·格林（Joshua Green）所说，具有

"丰富的尘世感"。[90] 一些政治观念和社会观念，正是通过一些非正式的网络形式，如表情包、自拍、搞笑视频、评论和弹幕等进行传播的。在这个黑人推特（black twitter）亚文化流行的时代，梅丽莎·哈里斯 - 莱斯威尔（Melissa Harris-Lacewell）在其讨论黑人公共空间的著作中将这种现象称为"日常谈话政治学"。[91] 比如，我发了一张戴帽女孩的图片，给它配上这样的文字"当你戴着一顶好看的帽子时"，我的朋友转发了这张图，但却将文字改成了"当一个男人在派对上向你解释论文时"——这时候，在配文的暗示下，带帽女孩的微笑就显得非常勉强了！这位朋友不仅是开了个无聊的玩笑，还将图片带入了女性主义话语的语境中。当 Tumblr 用户斟酌用什么词来指代变性者时；当 4chan 的用户搞出一个恶作剧，将"OK"的手势和白人权利运动联系起来时；当一个名为"给狗评分"（We Rate Dogs）的推特账户将一只狗的名字从阿拉伯语的"kanan"改为"George"，从而引发了一场关于"洗白"的大探讨时，我们就会发现，我们被这个充斥着空洞话语的网络世界欺骗了，所有的行为不过是在浪费时间。[92] 美国前总统特朗普曾短暂关注了一个名为"猫咪粉丝团"

(Emergency Kittens) 的推特账号（很明显，有人告诉他，他的一举一动都能被看到，所以他便取关了），如果他继续关注此账号，那么在众目睽睽的监视之下，到底需要经过多久，这些猫咪便会拥有政治含义？[93]

从大的方面看，逐渐清晰的网络社交准则，正如所有的准则一样，反映出一种从制度变革的危机中创造秩序的决心。它让人们在参与式文化中有了参照，从而得以尽享其价值。[94] 一个典型的例子就是彩虹猫，那个日本风的衍生出上千个表情包的小猫。当它第一次出现在互联网上的时候，有人将它做成了 GIF 图，接着又变成了配有日本电子乐的动画视频。之后，衍生序列还在增加：

几十个动画和模仿视频相继出现。一群音乐家用钢琴、吉他和日本琵琶翻唱了视频的配乐。之后，配乐出现了杜波斯特泊混音版。另有一个视频，里面是扮成彩虹猫的男人在随着音乐骑车锻炼。还有一款彩虹猫的 flash 游戏。在图像模仿、视频混搭、音频混搭、游戏和其他衍生作品之间，这只飞翔的猫经历了数次迭代，有了上千种形式——而我在写下这些文字的时候，它才火了一个月。[95]

十年过去了，彩虹猫依旧很火。2011 年，麻省理工学院的学生们"偷袭"了学校的大堂，在大堂的墙上贴了一个巨大的彩虹猫。[96] 学校的管理者们将彩虹猫挪到了人文学院的主走廊，它至今仍在那里。而在麻省理工学院媒体实验室的公民媒体中心，则有一张用彩虹猫做成的非官方标志。标志采用了类似奥莱利出版社的科技书的封面风格，这是中心的副总监罗莉·勒琼（Lorrie LeJeune）和曾为奥莱利制作封面的插画师的即兴之作。表情包出现在如此重要的科研机构中，证明了参与式文化的重要性，并肯定了其中一些方面的价值，比如它的奇思与怪异，散发的群体智慧等。它还推动了媒体变革，并在不断的分享过程中让很多人变成了创作者。

我们能将在参与式文化语境下出现的产品与其背后的技术支撑相关联吗？如同阿尔文·柯南（Alvin Kernan）等学者为印刷文化所做的那样？[97] 网络法研究专家乔纳森·齐特林（Jonathan Zittrain）认为，现代计算机和网络技术非凡的创造性应归功于其"再生力"（generativity），或者说，归功于它们在一些基本准则的指导下，对任何新事物——比如第三方软件——保持的开放态度。[98] 基于这个观点，伯吉斯和格林进一步阐释了参与式文化的价值，它的"文化再生力"：诸如YouTube等平台对各种使用目的、内容和形式所持的开放态度，让平台的内容出现了百花齐放的局面。[99] 如此一来，我们也能辨认出再生性的网络形式——而当部分社群在其活动的网络平台基本规则的基础上，用某种秘而不宣的规则来指导更高级的操作，从而创造出更好的内容时，再生性的社群文化也就产生了。井字棋有255168种玩法，围棋的玩法比宇宙中原子的数量还多，十四行诗的组合方式也是无穷无尽的，这些既开放又受规则约束的组合规律也适用于表情包文化，它们成了流通于网络的货币，赋予了网络世界无限多种可能。2010年，当科技作家克雷·雪基（Clay Shirky）将大笑猫称作"最蠢的创作行为"时，他的目的在于肯定蕴藏在这种简单的多人作品中的创造潜能：由于大笑猫的模式遵循着一定的规律，创造者们需要在一种类似游戏的环境中接受挑战。此外，大笑猫的无处不在揭示了互联网用户们在空闲时间所爆发的创造潜力和能量（他认为，即便是大笑猫的创作者，也没有好好地利用其空闲时间的创造力）。[100]

前段时间，当我打开一本 2009 年出版的有关互联网文化的书籍时，其折页海报"互联网猫家谱图"从里面掉落下来。[101] 事实上，这本书没有太多与猫有关的内容；编辑们认为读者都懂为什么要将互联网文化和猫联系起来，根本没有必要解释。正是那张海报，启发了本书下一章的内容。仔细阅读那张图后我发现，我们知道的大部分网络上的明星猫，以及它们背后的明星猫模式，在"家谱图"完成的时候还并未出现。所以，我建立了一个关于"互联网猫的三条命"的历史模型（和克雷·雪基相反的是，我认为这是受互联网影响而产生的最愚蠢的创造行为）。

从时间跨度上来看，下一章的内容涵盖了从网页出现到当下的所有时间；从内容上看，它受展览"猫是如何占据互联网的"文字内容的影响很大。该展览 2015 年举办于纽约移动影像博物馆，其策展人是詹森·艾平克。

4

互联网猫的三条命

互联网上的猫的历史可被分为三个阶段：1995—2004 年（摄像头和博客时代）；2005—2011 年（模因时代）；以及 2012 至今（明星猫时代）。

1995—2004 年：摄像头和博客时代

在这个时代即将结束之时，最早的网页 2.0 平台出现了，同时出现的还有模因文化。流行语、玩笑话、诸如"一打"（the dozens，流行于非裔美国人中的一种嘴仗，双方持续辱骂对方，直到一方认输）那样的行为、旨在博人眼球的网站"仓鼠跳舞网"等：这些都可以被看作网页 2.0 时代来临之前的模因 —— 甚至，有些在网页出现前就有了。然而，在自我意识强烈的网络文化环境中，模因的大量生产和传播则出现得较晚。一个相关的理论非常有意思。哲学家伊恩·哈金（Ian Hacking）

提出了"动态唯名论"的概念。他认为，当我们发明出新的概念时，为了让这些概念具有实际效用，我们会改变自己的行为。比如，当模因的概念出现后，见到网络流行语和相关内容时，我们的反应就会变得不一样。在模因的概念尚未发明之前，古早的模因并未对人的行为产生过多影响。[1]

在这一时期的早期阶段，即便是上网的人，对网络世界也并不是很熟悉。比方说，很多网络视频的背景都是空的，这是因为，表演者还不习惯面对看不到的观众，空空的背景让他们感到安全。[2]但是，当表演者们认为网络摄像头有些危险时，观众们却为它们着迷。有段时间，网上最出名的直播节目是"特洛伊房间咖啡壶摄像头"。此节目1991年由剑桥大学计算机实验室创建，每隔一段时间就会更新一张实验室一间名为特洛伊房间的咖啡壶的照片。这么做的目的大概是让剑桥的研究者们知道咖啡做好的具体时间，但它却因随性而出名了——因为它正好呼应了"Weird Wide Web"（万维网的原名是World Wide Web，这里将World改成了表示"奇怪"的Weird）这个名称。[3]

对爱猫人士来说，网上最大的摄像头节目是"基蒂摄像头"（KittyCam），节目展示了加州某个广告公司办公室的猫：基蒂。每过两分钟，静态摄像头就会拍下一张图片，而只有基蒂漫步于摄像头前面的时候，它才会被拍下来。即便是这样，节目还是拥有大批观众。[4] 在1998年，"基蒂摄像头"获得了100万次的点击量，这在当时是不小的数目。[5] 在接受新闻记者的采访时，摄像头的管理者们表示，他们惊讶于人们对此节目的多样化反应：有的访客每天都会查看网站好几遍，有的甚至慕名而来，要亲眼看看基蒂猫。[6] "共同解决营销"（JointSolutions Marketing）广告公司看到了节目里的商机，作为一次成功的横向整合资源的例子，该公司将"基蒂摄像头"发展成了公司的品牌，售卖基蒂猫的相关产品，并以基蒂为吉祥物，使它为公司在数码世界的新探索站台。"基蒂摄像头"的网站开始以基蒂猫的口吻每天更新日记。比如某天的内容是："《基蒂猫日记》……感恩节过去了，我吃了火鸡！好吃极了！现在我开始盼望圣诞节了。猜猜我现在在高兴些什么？我刚刚收到了第一件圣诞节礼物！谢谢远在英国的戴夫和梅尔。"网页上有一个邮件列表，粉丝们可以在此地互相发送电子贺卡；还有一个问答板块，回答了诸如"为什么会有'基蒂摄像头'这种东西"的问题：

> 为什么应该没有呢？说实话，当人们坚持每天访问"基蒂摄像头"的网站时，原因还不明显吗？平均下来，几乎有两千人每天都会访问该网站。这让它和一支普通的爵士乐队、小说，或者大众广播的流行度相一致。更重要的是，"基蒂摄像头"为粉丝们建立了一个网络社区，而这个社区对他们的生活产生了影响。最近，我们收到一位女士的来信，她命运悲苦，几乎要将每天的时间花在照顾卧床不起的丈夫身上。她将"基蒂摄像头"看作"通向世界的窗户"，通过这扇窗，她与几千公里外的一只猫产生了情感联系。[7]

1997 年，马萨诸塞州的一对夫妻——凯伦·瓦茨和保罗·瓦茨（Karen and Paul Watts），创建了一个名为"今日宠物"（Pet of the Day）的网站。该网站的日更内容皆由用户提供，具体来说，是每日更新一只宠物的照片和它们的小传，这些宠物包括但不限于鸟、猫、狗、鱼和蛇。没过多久，该网站就成了最火的动物网站。[8]1998 年，他们将部分内容转移到了其姐妹网站"今日猫咪"上。[9]

流行于此时期的图像显示，早期互联网的动物图像学与今日的大不相同，之前的动物不过是家养宠物的普通照片，而现在的图像中的动物，则显得愈加可爱、怪异与拟人化了。图像制作者的"品牌"意识更强了，比如，他们会为宠物立人设（这是一只法国猫；它很容易发怒；很容易受惊；它的毛特别蓬松），会使用专业的摄影手段，还会添加一些让图片更显波普的照片。

愤怒猫咪

在万维网出现之前，出言不逊和相互攻击就已经是互联网上的常态了，因此，一些猫的网站也不可避免地出现了相关行为，而这些刻薄的网站也会"吸引"公众的注意。1998 年，一位名为克里夫·布莱斯津斯基（Cliff Bleszinski）的游戏设计师举办了一场名为"猫咪扫描大赛"（Cat Scan Contest）的摄影比赛。[10] 参赛者先将猫咪躺在扫描仪上的照片通过电子邮件发送给他，之后，他会将参赛作品放在自己的个人网站上。在首次比赛截止之前，《华尔街日报》对此做了报道："他收到了 50 多张猫的图片。这些猫各具特色，有表情惊讶的小灰猫，有占据整个拍摄区域的黄白相间的大胖猫。有个参赛者提交了一张长着格子花纹的猫。还有参赛者以一个问题为开场白：'我的猫三年前死了，它被埋在了后院。扫描猫的尸体可以吗？'布莱斯津斯基拒绝让这件作品参赛。"[11]

这场怪异的比赛吸引了媒体的注意，因为其调性满足了互联网的猎奇心理。比赛的一项设置让人不安：将猫放在扫描仪上可能会伤害它们的眼睛，"更别说被扫描仪罩盖和强光双重夹击时所产生的心理阴影"。《华盛顿邮报》如是说。猫咪可能面临的危险使媒体有了讨论点，而这似乎并没有减损人们从照片中获得的乐趣；甚至，和好莱坞的一贯做法相同，将猫置于危险的境地常会让人感觉有趣。[12] 在第一场比赛结束后的几年里，布莱斯津斯基又举办了多届赛事。

2000 年，一个名为"盆景猫"的新网站（bonsaikitten.com）激起了大量网民的愤怒、好奇和怀疑。该网站为如何制作"盆景猫"提供了教程：如何将猫放进玻璃容器内，让它们扭曲成容器的形状，并美其名曰"活生生的艺术品"。该网站如此形容这种行为："就像园艺家修剪出的灌木会变成动物或其他任何东西的形态一样。""迈克尔博士，你不用再面对只有普通外形的家庭宠物了。在盆景猫的带领下，多彩的世界在前方向你挥手。只要你敢想，你什么都会拥有。"[13]

这个网站吸引了全世界的新闻媒体，其中大多数报道都认为这不过是个恶作剧。[14]恶作剧的实行者是麻省理工学院的一名研究生，他主动联系了相关的新闻机构，对他们揭示了"盆景猫"的设想，并在网站上伪造了相关照片。但是，通过人们的大肆传播，对身体改造（骨骼塑形、喂食管、肌肉松弛剂）的可怕描述，触目惊心的罐装猫照片等内容，让观众们深感不适。包括美国人道协会（American Humane Society）在内的动物权利组织和宠物爱好者们声讨了这种行为，甚至将此事件上升到了政治层面。联邦调查局开始调查麻省理工学院，要求提供该网站的用户信息。[15]

这个恶作剧的意义何在？为了讽刺？"是的。"该网站的作者对记者如是说。但他却犯了前后矛盾的错误。他既认为网站讽刺了爱猫人士，也认为其讽刺了"人类将自然视为商品的观念"。[16] 一位记者将盆景猫摆成了扫描比赛中猫咪的常见姿势，他认为该网站只是为了发出挑衅。而挑衅就是其意义所在，这种"圈内人"玩笑将深谙互联网文化的人与不懂的人区分开来："这些网站骄傲地展示他们收到的声讨邮件。互联网上充斥着一种不合群、伪叛逆的极客文化，它因声名狼藉而蓬勃发展。有人在猫咪扫描大赛的留言板上写道：'生病了？差不多。残忍吗？是的。错了吗？当然。但在大多数情况下，是因为太闲了。'对于那些有时间可以挥霍，并且很喜欢无底线幽默的人来说，互联网就是一个巨大的信息游乐场。"[17]

2000 年，一位名为艾利克斯·列别杰夫（Alex Lebedeff）的微软员工，在被他的宠物猫"带有极端偏见"的攻击中受伤后，创建了一个名为"我的猫讨厌你"（My Cat Hates You）的网站。这个给列别杰夫的猫配上邪恶文字的网站，很快就火了起来，正如他的一个帮助管理网站的同事在网站的介绍页面上写的那样："一个星期之内，列别杰夫的邮箱就被世界各地的人们发来的邪恶猫咪的图片填满了。这几百个人，他一个也不认识。他也不知道他们是怎么发现这个网站的。但互联网就是这样，谁说得准呢?"[18]

"互联网就是这样"并不是指猫在互联网上很受欢迎 —— 在 2000 年，这还不是模因现象 —— 而是指网民们很喜欢浪费时间和贩卖残酷。"我的猫讨厌你"是收集各式无伤大雅的冷漠和残酷的聚宝盆;当你浏览该网站的档案库时，你会看到各式附有配文的猫，它们扮演着邪恶的角色。比如:"阿莱斯特讨厌你，因为你是个白痴。他一口就能让你进医院。它之前就这么做过，不在乎再做一次。""这只猫仇恨感极强。当有傻子来了，它在家里都待不下去。就怕有些人像虱子一样，甩都甩不掉。"

尽管这个网站出现于猫红遍网络之前，但它为网络品牌转化为印刷产品提供了很好的思路。到 2004 年为止，你可以买到几款以"我的猫讨厌你"为主题的日历，以及两本相关的书籍。[19] 这种从屏幕到书页的方式已经成为超级传播现象制造者的首选途径。推特明星强尼·孙 (Jonny Sun) 出了一本书;图片博客"纽约人"

（Humans of New York）出了一本书；"尴尬家庭照片"
（Awkward Family Photos）论坛出了一本书；推特账户
"给狗评分"出了两本书；大笑猫则有很多本书。对于
新媒体新秀来说，出版书籍仍是显示其实力的标志。

在这一时期，还有另外一些与猫有关的现象，但其
影响的时间并不长。2002 年，"相当不错"网（Rathergood.
com）—— 一个类似 Fark 网或"糟糕事物"论坛的猎奇
新闻聚合博客 —— 发布了一个 flash 动画，里面有一群
小猫在进行着摇滚乐表演。这个视频冲上了音乐排行榜
的前 40 名，一时风头无两。2003 年，网上开始流行让猫
用身体托住物体的照片。一位评论者将这些猫称为"猫
咪牛仔"(Cat Buckaroo)，并详细地描述了这种活动："把
各种各样的东西放在睡着的猫身上，看谁在猫生着气醒
来的时候放得最多。"随着时间的推移，这一热潮催生
了诸如"猫身之物"（Stuff on My Cat，2005 年）和"猫
咪堆垛机"（Cat Stackers，2010 年）等网站。[20]

无限猫咪专案

如果您对电脑硬件的历史感兴趣，我建议您调查一

魔镜魔○告诉我
谁是世界上最可爱的猫咪?

无限猫咪专案

下"无限猫咪专案"（The Infinite Cat Project）。2003年，一个苹果网络论坛的会员给他的猫弗兰基（Frankie）拍了一张观看电脑屏幕上的自己的照片。接着，他又把这张照片放到电脑屏幕上，让弗兰基继续观看，如此循环。之后，他将实验结果上传到论坛，引起了人们的争相模仿：论坛的用户给他们的猫拍了照片，也让这些猫在家中的电脑上观看新的图像。他们会在这种无限"套娃"中添加新的猫，并标明猫的名字，这样，最后的照片呈现的内容可能就是："老虎"在看着福鲁斯科，福鲁斯科在看着"白人瘦男孩"，"白人瘦男孩"在看着匹克，匹克在看着布瑞特，布瑞特在看着杜马，杜马看着雪球，雪球看着福瑞兹，福瑞兹看着艾比，艾比看着弗兰基正在看珊米看弗兰基。[21] 最后，一个叫迈克·斯坦菲尔（Mike Stanfill）的网页设计师为之建造了一个网站，其所谓"无限猫咪专案"可以在该网站上永久开放。[22]

截至本文撰写时，该网站共记录了1823张猫看猫的照片。正如詹森·艾平克所指出的，该网站还彰显了自2004年以来家用电脑技术的变化。当你顺着猫这条线往前追溯时，你会发现，微缩的笔记本逐渐变成了巨大的盒子。斯坦霍普（Stanhope）在 2004 年写过一篇文章，认为许多电脑用户没有数码相机。对此，他建议说："有普通的胶卷式照相机就可以了。冲洗胶卷后，可以把它存到 CD 上。这是最近常用的非常便宜的方法。然后从光盘中选出最好的图片，用电子邮件发一份拷贝给我。"[23]

猫咪弗兰克

让我再讲一个猫的故事，为这一时期画上圆满的句号：有只猫名为弗兰克，它被认为是说英语国家的网络世界中的第一只明星猫咪。2002 年 1 月，这只虎斑猫在英国剑桥被车撞了。好心人发现了这只受伤的猫，并把它带到一家兽医院，那里的兽医修复了它破碎的骨盆。弗兰克的主人想感谢这位匿名的施救者，所以他在网上设置了一个摄像头（地址是 cathospital.co.uk），用来连续播放弗兰克康复的视频，希望能借此引起救助者的注意。[24]

任何人都没有想到，弗兰克就这样火了。在网站刚上线的几周，就有超过 50 万人来访；到了 5 月中旬，网站每天大约会迎来 1.2 万独立访客。到了 2019 年年底，该网站已经有超过 450 万的访问者。[25]"反响太热烈了，"弗兰克的主人告诉记者，"每个人都喜欢可爱的动物。它之所以这么吸引人，可能是因为它受伤了，还长着一张无辜的脸。"[26]雅虎将该网站选为 2002 年最佳网站之一。信件和问候的卡片纷至沓来。

救助者最终和弗兰克的主人取得了联系。我想在这里记下他们的名字：亚历克斯·旺（Alex Whan）和大卫·豪斯（David Hawes）。[27]

2005—2011 年：模因时代

《纽约时报》是最早认可猫作为网络之象征的媒体之一。2005 年，一篇名为"互联网最好的朋友（听我娓娓道来）"的文章宣布，猫已经成了互联网上最受喜爱的动物："在网上，你会看到'无限猫咪专案'，但却没有'无限狗子专案'。'我的猫讨厌你'在网上很火，但没有一个网站名为'我的狗讨厌你'……猫是互联网的吉祥物。它们无处不在。"

最后，这篇文章认为，猫虽然性情乖戾、孤僻，但却和网民很像——我们发现了猫的内心世界的神秘和魅力，相比起来，狗的内心世界却没有那么神秘。[28]网民们是否真的喜欢猫，我们无从考证——本书旨在考察他们与猫在文化上的联系，而并非自然联系——但确实，人们更想审视猫而不是狗的内心世界。针对猫与狗的待遇问题，我曾经问过美国艺术档案馆的策展人玛丽·萨尔维格（Mary Salvig）——她曾在梳理了大量档案材料之后，策划了一场艺术家以其宠猫为主题的作品展——艺术家们是否会区别对待作为宠物的狗和猫。答案是肯定的。她说："以猫为主题的作品更多一点。他们愿意花更多的时间讲猫的故事，写与猫有关的内容。他们想解释，他们所认为的猫的想法。"[29]

尽管 4chan、Fark、"糟糕事物"等鱼龙混杂的网站为整个互联网提供了很多有关猫的新鲜内容，但《纽约时报》的文章并没有提及它们。[30]这些网站为我提供了"互联网猫的家谱"，也就是说，他们创造了模因。在可重复的混合经济的前提下，这些模因出现了。它们可衍生，可重构，以循环使用重复内容的方式运作着。

从 21 世纪 20 年代的角度来看，在模因时代，关于网红猫值得注意的一点是，它们不再有名字。没有了马鲁，没有了不爽猫，没有了里尔小宝、维纳斯和好奇猫塞尔达。取而代之的，是标签，比如快乐猫（Happycat）和长棍猫（Long Cat），每只猫也都可以以单独的形象存在。

因此，在互联网猫的家谱范围内，从快乐猫衍生出了快乐猫贵族（Lord Happycat），后者又衍生出了快乐猫主教一世（Pope Happycat I），继而又衍生出了神圣基蒂（Holy Kitty）。快乐猫也衍生出了天花板猫，后者衍生出了中世纪天花板猫（Medieval Ceiling Cat），然后是帝王猫（Emperor Cat）和健身猫（Bodybuilder Cat）。帝王猫的儿子们包括埃及猫（Egypt Cats）、塔布猫（Tubcat）以及星战猫（Star Wars Cats），从后者又衍生出了机械猫（Robot Cat）。快乐猫还有另一分支，衍生出了电钻猫（Drill Cat），后者衍生出了爆米花猫（Popcorn Cat），之后是莱姆猫（Limecat）和胆小基蒂（Scared Kitty）。莱姆猫又"生"了柠檬猫和橘子猫。柠檬猫又"生下"月亮猫和鱼碗猫（Fish Bowl Cat）；橘子猫又"生下"大胖猫，衍生出火焰猫（Fire Cat）、可爱基蒂（Lovely Kitty）、坦克猫（Tankcat）、

Loooooooong Cat

长棍猫

玉米猫（Corncat）和歪歪湿基蒂（Tilt Wet Kitty）。坦克猫又衍生出了面包猫，后者在互联网世界取得了很大的影响。从歪歪湿基蒂衍生出了"猜猜看"猫（Guess Who Cat），之后是长棍猫（Longcat）、"爱的长棍猫"（Longcat of Love）以及单轨铁路猫（Monorail Cat）。长棍猫又衍生出了长长长长长棍猫（Loooooooooongcat），后者生了两只幼崽：恶棍猫王（King Pimp Cat）和扫描猫（Scanned Cat）。火焰猫衍生出假发猫（Wig Cat）和恶魔猫（Devil Cat），后者衍生出乌龙猫（Tacgnol），之后是塔克特罗斯猫（Tactrohs）和网络猫（Internet Cat），后者衍生出了技术支持猫（Tech Support Cat），之后是隐形单车猫（Invisible Bike Cat）和邪恶猫（Evil Cat），然后是疯狂眼猫（Crazy Eyed Cat）、嘶嘶杰里贝利（Hissy JelliBelli）以及笑脸猫（Smiley Cat），后者又衍生出爱国猫（Patriotic Cat）和海盗猫（Pirat Cat），后者又衍生出了尖叫史蒂文（Screamin' Steven）和再见基蒂（Goodbye Kitty），之后又衍生出了逗乐猫（Amused Cat）。而上面列举的，只不过是互联网上的猫的谱系的一部分而已。

我认为，这个互联网猫的家谱并不是十分科学。比如，作为 Longcat（长棍猫）字母反写的 Tacgnol（乌龙猫），二者却没有明显的联系。但这份家谱旨在提供参考，而并不强调准确。它半开玩笑地加强了猫和互联网之间的联系，并通过家谱的结构形式，强调了模因经济的迭代性和扩张性。我们热爱经典的东西，但为了与时俱进，我们也需要新奇的事物。只有圈内人才知道隐形单车猫是什么时候流行的，也只有他们才知道它什么时候"过气"。

正当大笑猫在 4chan 和"糟糕事物"论坛上走红的同时，一套名为"建议狗"的表情包也开始在这些网站上流传：一只傻乎乎的金毛，配上一些建议性的文字。这些建议往往非常糟糕，比如"要走在红色的表面上，这样人们就看不见你了"。"建议狗"为一连串的动物表情包提供了灵感，这些表情包包括：商务猫（"取消我三点的会议，我要观赏这只鸟"）、焦虑猫（"得发文件了。检查 12 次，确保文件正确"）、勇士狼（"那些杀不死你的终会灭亡"）。[31] 提建议的动物看上去是在解释动物在想什么，实际上它们只不过是在道出人类的心声。萨尔维格认为，早些年，当艺术家在信中附带其宠物的照片时，它们在某种程度上代表了艺术家本人。这种看法在提建议的动物表情包中得到了更深刻的体现。此外，作为网络文化典型形式的动物表情包，已经使这些被异化的动物超越了经典的大笑猫。我已经是资深网民了，猫的表情包已经不再适合我，我可以使用树懒的表情包。

猫咪视频

2005 年，YouTube 诞生了。巧的是，该平台的创始人陈士骏和查德·赫利（Chad Hurley）在向投资人展示该平台潜力的时候，播放了一段陈士骏正在捉猫的测试视频。（他们得到了投资，12 月，该平台上市。不到一年之后，谷歌以约 165000 万美元的价格收购了 YouTube）[32] 凯文·阿洛卡（Kevin Allocca）是 YouTube 文化与趋势部的主管。他在其 2018 年出版的著作中写道，为了测试 YouTube 视频的传播力（比如丽贝卡·布莱克 [Rebecca Black] 的《星期五》），他们将之与"拍摄猫的视频的浏览总量"进行了比较。他从未解释过为什么用猫的视频作为测量标准。他不需要这样做——读者会明白个中缘由的。[33]

陈士骏和赫利认为，人们使用 YouTube 主要是为了分享家庭视频，这就是为什么这个平台上的测试视频都是日常生活的片段：一只猫拍打着纱线，或是一次到动物园的旅行。看到这些，人们对网站有了更大的想法。他们精心编排舞蹈，练习对口型的动作；通过添加戏剧性的音乐和效果，他们将原本非常普通的视频升级到非常具有吸引力；他们创作了草图版的动画；他们推出了越来越专业的连载视频日记；他们会分享电视上的禁播片段。与此同时，他们也分享关于猫的视频。这类视频中比较火的，仍旧带着点儿半专业的色彩。最早在 YouTube 上走红的猫咪是马鲁，它是一只日本猫，它玩盒子的样子非常可爱；"惊喜小猫"（Surprise Kitten），当人们挠它痒时，它的反应让人忍俊不禁；"键盘猫"（Keyboard Cat），一只似乎会弹电子琴的猫；"黑猫亨利"（Henri，le Chat Noir）系列表现了一只忧郁的猫，旁白是阴沉的法语男声 —— 这些都不是随意拍摄的视频，而是在专业设备和技术的加持下，制造的有噱头并充满戏剧性的影像。[34]

2012 年，明尼阿波利斯的沃克艺术中心（the Walker Art Center）推出了"网络猫影节"（Internet Cat

Video Festival）。之后的每年，到了节日当天，人群会聚集在一个户外巨幕的周围，观看挑选出来的流行于互联网的猫的视频。最后，由观众投票产生出最受欢迎的视频，视频的制作者会获得"金猫奖"。2012 年的获奖者是威尔·布拉登（Will Braden），《黑猫亨利》系列的作者。他获得了一个肚皮上刻有日本字"好运"的金猫小雕像。[35]

布拉登后来对一个纪录片团队说："我很难把亨利的视频想象成纯艺术 —— 我的意思是，它们本来就是出于恶搞和逗人开心的目的。它们是与众不同的猫咪视频。但与此同时，如果人们对猫的视频不感冒，那么也就没有人会对亨利感兴趣了。假使亨利是一只兔子，效果可能会大相径庭。"[36]

2012 至今：明星猫时代

大概从 2012 年开始，研究者们所谓的"猫的互联网综合产业"在明星猫咪的身上有了最显著的体现。[37] 这些明星猫咪包括：喵上校、加菲猫、不爽猫、汉密尔顿、里尔小宝、马鲁、娜拉、怪物卡车公主（Princess

Monster Truck)、帕吉（Pudge）、雷米、罗夫、有眉毛
的山姆（Sam Has Eyebrows）、白猫（Shironeko）、史
努比宝贝（Snoopybabe）、维纳斯、华夫饼（Waffles）
和塞尔达等。YouTube 推出的合作伙伴计划，分为喜剧
合作伙伴、音乐合作伙伴和"猫咪合作伙伴"等子计划，
此计划可帮助创作者们将其视频转化为收益。据报道，
仅在日本，YouTube 就有 100 多个猫咪合作伙伴。[38] 越
来越多的猫主人正在为他们的宠物创建 YouTube、推特
和 Instagram 账号，希望通过关注、点赞和转发来获得
名声和收益。明星猫咪是赚钱的，它们中的很多都有着
共同的经纪人，比如本·拉什。作为猫咪的利益代表，
他主要洽谈广告、商品开发和媒体植入等事宜。[39]

　　在某种程度上，明星猫的崛起回答了一个互联网经
济问题：互联网是否让竞争变得更加公平，特定领域的
极少数超级明星是否不再占据大部分市场份额？针对
这个问题，经济学家和媒体理论家已经争论了几十年。
2006 年，《连线》杂志的主编克里斯·安德森（Chris
Anderson）出版了著作《长尾理论》。[40] 在这部颇具影
响力的作品中，安德森表示，新的生产内容和分销渠道
将使消费者的选择更加精细。这些产品不是那么流行，

但却符合消费者的个人趣味。(窄化的需求领域引发了长尾效应。) 网飞、苹果的 iTunes 和 YouTube 是长尾商务的代表，因为用户可以在这里寻找和购买还未出现在实体店的商品。[41] 他认为，随着网络的成熟，许多控制着当今市场的经济学家所谓的 " 轰动经济 " 原则，将会转向长尾效应。

最近，哈佛商学院的教授安妮塔·埃尔贝斯（Anita Elberse）表示，新的网络产品和新发行渠道的出现，并不意味着旧规则不再适用。数据显示，消费者的网络行为并没有改变：" 当需求从只有有限空间的线下零售商店转向更广阔的网络渠道时，销售分布的尾巴不会变得更粗。恰恰相反，当消费者越来越倾向于从网上购物时，尾巴虽然变长，但也更细了。"[42] 事实上，在网络的市场环境中，超级大卖场比以往任何时候都更加重要：尽管由于不受欢迎的商品寻找买家的过程让尾巴变长了，但紧俏商品仍然占据着其销售总额的大头。原因就是：首先，普通买家喜欢信誉度高的超级大卖场；其次，即使使用无国界的匿名网络，我们仍然青睐朋友推荐的商品。这就是人气带人气。[43]

因此，我们可以将猫的成名视为网络市场走向成熟的必然延伸。根据帕累托法则（The Pareto Principle），20%的互联网猫能够得到80%的关注。尽管这种关联需要让定量分析师在未来的某天给出确切的证据，但我们至少可以认为，不爽猫和里尔小宝这些明星猫所拥有的互联网渠道，是其他小渠道有可能走红的猫咪们所望尘莫及的。为了让大家对2020年互联网猫咪的情况有一个大致的了解，我将在这里分析一些网红猫。

马鲁和猫咪歌唱团

从数据上看，马鲁是互联网上最著名的猫。2016年，它赢得了单个动物视频被点击次数的吉尼斯世界纪录——当时点击量已超过3.25亿。马鲁出生于2007年，是一只柔软微胖的苏格兰折耳猫，其爱好是坐在箱子里。马鲁堪称钻箱专家：它能跳进很深的箱子里，能在箱子里优哉游哉，还能挤进小盒子里。[44] 尽管马鲁没有在公共场合出现过，但它出演过日本广告片，你也可以买到有关马鲁的日历和书籍。[45]

爱钻箱子的马鲁

吉迪恩·刘易斯 - 克劳斯（Gideon Lewis-Kraus）是《连线》杂志的一名作者。2012 年，他曾试图与马鲁见面。但到最后，他不得不在未见到马鲁的情况下为它作传 —— 因为马鲁受到了严密的保护。刘易斯 - 克劳斯不光没见到它，连其主人的地址都没找到。"马鲁的主人网名是穆古莫古（Mugumogu），但除此之外，我们对她一无所知。"他写道：

穆古莫古在美国出版了一本关于马鲁的书。当我为这本书写软文的时候（您没看错），我发现，她对它的了解，并不比你我多。我将软文发给本书的美国编辑，希望他将一些采访问题发给穆古莫古的日本版权代理人，以让后者翻译后交给穆古莫古，再将回复发回来……几天后，这位编辑跟我说，这件事情干不成。她说，我很乐意写信给日本的版权代理人，但是，好像连代理人都不知道穆古莫古是谁。要跟她联系上，必须通过这本书的日本出版社。我对穆古莫古献了几个月的殷勤，但最终还是一无所获。[46]

虽然他无法近距离接触马鲁，但他确实与网络上另一群有名的猫——猫咪歌唱团（the Musashis）取得了联系。猫咪歌唱团是一个"乐队"，别惊讶，它们只不过是众多猫咪乐队中的一个。2007 年，猫咪的主人，一位音响工程师兼音乐家，为了彰显其专业技能，用五只宠物猫的叫声剪辑制作了猫声版的《铃儿响叮当》，并将其上传到了 YouTube 上。YouTube 日本将该视频放到了主页上；之后，这段视频又出现在了 YouTube 的全球主页上。没过多久，视频的点击量就超过了 100 万。[47] 猫咪歌唱团与星尘经纪公司（Stardust Promotion）达成协议，后者可为其制作音乐和视频内容。猫咪歌唱团录制了《友谊地久天长》的猫叫手机铃声，它们与流行歌手共同演唱了歌曲，还为一部网络剧录制了主题曲。[48] 猫咪歌唱团还得到了出书的机会。这也是自然而然的事情。

里尔小宝

2011 年，迈克·布里达维斯基（Mike Bridavsky）将他的猫里尔小宝的照片上传到 Tumblr 上。里尔小宝原本是只野猫，但是，它却没有在野外生存的能力——下巴发育不全，也没有牙齿，这导致它的舌头总是露在外面。布里达维斯基将里尔小宝从野外带了回来。（这只眼睛奇大的猫于 2019 年去世，但据报道，它一生的大部分时间都很健康。）这些照片很快被传到了 Reddit，又从那里被传到了 BuzzFeed。[49] 到了 2012 年，里尔小宝成了新闻报道的宠儿。[50] 如今，在其家乡印第安纳州布卢明顿市的一家实体店，你可以买到印有其形象的马克杯、明信片、大手提袋、T 恤衫和贴纸——当然，网上也能买到。从 2013 年到 2014 年，她主演了《里尔小宝节目秀》（*Lil Bub's Big Show*），这是一部制作精良的网络节目，里尔小宝在其中"采访"了很多社会名流。2013 年，它在纪录片《里尔小宝和它的朋友们》（*Lil Bub & Friendz*）中"担任主角"，该片首映于翠贝卡电影节（Tribeca Film Festival），并获得了翠贝卡网络电影节的最佳故事片奖。当然，也有关于它的书籍。[51]

"它是世界上最上镜的猫，"在《里尔小宝和它的朋友们》中，酷小伙布里达维斯基如是说，"所以我给它拍照，并传到 Tumblr 上。然后它就火了，一群我不认识的人开始私信我。里尔小宝火的一个原因，是它看上

里尔小宝节目秀

去足够特别，但是却依旧可爱。它挑战了可爱的标准，或者说，告诉了人们这样一个道理：与众不同照样能被认可。然后，莫名其妙地，美好的事情接连发生了。"[52]

和里尔小宝的网络节目一样，这部纪录片也将它置于一种科幻叙事中。故事是这么开头的："遥远的宇宙深处，在一个我们人类还未发现的星系里，生活着一只微小而复杂的生物，它的名字是里尔小宝。某一天，小宝决定离开它的星球，去黑暗的太空探险。"布里达维斯基表示，之所以采用科幻的叙事，是受了如下两点的启发：一是里尔小宝不同寻常的样貌；二是它在旅途中常常表现出的放松状态。[53]此外，这种叙事也满足了观众的期待：里尔小宝的人设和《小王子》（1943 年）的主人公很像，也就是说，这既可以被看作科幻作品，也可以被看作童话故事。里尔小宝胜利了 —— 它在世界上找到了爱 —— 这是童话常见的先抑后扬的叙事手段，J.R.R. 托尔金（J.R.R. Tolkien）将之称为 "eucatastrophe"（合成词，字面意思为 "快乐的灾难"）。对于一只残疾的野猫来说，生命本来残酷而短暂，需要面对艰难险阻 —— 但故事并没有这样讲。它的主人用热爱和想象把它变成了一个富有魅力的角色，尽管他并不认为自己从小宝的成名中得到了什么好处。

"我不知道为什么迈克还没找到真爱，"布里达维斯基的一位朋友在《里尔小宝和它的朋友们》中说，"有那么多女孩在 Gawker 网上评论你，夸你性感。我知道你不喜欢处在聚光灯下，但你确实在那儿。"

布里达维斯基回答说："我和其中一个女孩约会了一段时间。她说，'我跟我妈说过你了。我告诉她你有一间录音棚，还养了一只有名的猫。'她妈妈说：'哦，那他不合适。'"[54]

不爽猫

2012 年，一位名叫布莱恩·本登森（Bryan Bundensen）的年轻人在 Reddit 上发布了一张照片，照片中是一只名叫塔达·沙斯（Tardar Sauce）的猫（见第 18 页）。这只猫身上的花纹十分特别，让它显得任何时候都十分不爽。照片的配文是："这是不爽猫。"回复如潮水般涌来："你不爽个啥？——你甚至都不用交税，滚去工作！""希望有个不爽猫的专题板块。"有人发了不爽猫的表情包，配文是："我曾经很开心 / 这太可怕了。"（这句搞笑语出自加拿大艺术家凯特·比顿 [Kate Beaton] 的漫画。）[55] 之后有网友回复说："我敢打赌，你肯定不会想到，这只猫 5 个月后会多么红。"[56]

没过多久，不爽猫的照片就登上了 Reddit 一个名为"动物建议"（Advice Animals）的子板块的头条。这种设置模仿了 4chan 论坛。之后，不爽猫出现在了互联网的各个角落，布莱恩·本登森的哥哥塔巴沙（Tabatha）更是趁热打铁，在 Reddit 上发布了一套不爽猫的新图："来自不爽猫的清晨问候！""不爽猫日记，10 月 11 日。""不爽猫和波基。""不爽猫塔达回归了。"最后，实红的不爽猫让兄弟俩意识到，可以把它当一个品牌来做。他们删除了不爽猫在 Imgur(一个与 Reddit 相关的照片托管网站) 上的照片，建立了专属不爽猫的网站 www.grumpycats.com。

和里尔小宝一样，不爽猫虽然残疾，却很健康。这只花色特别的猫患有侏儒症，又由于它下颌有缺陷，所以看起来总是一副愁眉苦脸的样子。当网友们看到它时，往往第一眼就被吸引了。当它的主人在 Reddit 上开设了问答板块时，一位评论者写道：

> 这不是个问题，我也觉得有些难以启齿，但我还是想让你知道，不爽猫对我很重要。我最近开始做两份全职的工作，工作很累，我也经常会不爽。我的未婚夫知道，当我心情不好的时候（最近总是这样），不爽猫总会逗乐我。他时不时会在我工作的时候给我发不爽猫的照片。而且，当我心情特别不好的时候，他会叫我"不爽猫"，我会因此而又开心起来。

另一位评论者写道："我的第一次评论献给不爽猫，以表达我对它的喜爱。我甚至不喜欢猫。我对猫过敏。但是不爽猫直击我的灵魂。"[57]

随着不爽猫声名鹊起，其主人开始售卖它的周边，还为它在 YouTube 上开了一个可以投币的频道。这只气呼呼的猫出现在婴儿的围嘴上，出现在日历中，出现在汽车贴纸、咖啡杯、钥匙链、枕头、办公用品、睡衣、毛绒玩具、拖鞋、衬衫、袜子等商品中。它出现在喜跃猫粮的包装上。[58] 它有自己的咖啡品牌。[59]2014 年，它出演了一部电影《不爽猫最糟糕的圣诞节》（*Grumpy Cat's Worst Christmas Ever*）。[60]（作为阵容最强大的电影之一，奥布瑞·普拉扎 [Aubrey Plaza] 为它配了音。）

如今，"网红"和"现实红"并没有什么实质区别，就像和一位电影工作者谈及不爽猫的纽约之旅时，本·拉什所说的那样：

> 当我们行走在纽约的大街上时，到处都挤满了人。有些人路过时会停下来，然后说："咦，我的天哪，那是不爽猫吗？不是吧！"[61]之后，一个女孩走过来说："哦，天哪，那真的是不爽猫！"她的呼吸急促起来，不停地跳上跳下。她甚至激动出了眼泪，就好像约翰·列侬复活了似的。这可真疯狂。不爽猫绝对是下一个猫界明星。[62]

2019 年 5 月，不爽猫去世了。人们在网上发起了悼念活动，这些人来自世界各地。

好奇猫塞尔达

作为网红猫的主人，会有什么不同吗？最近，我采访了马特·塔吉欧夫（Matt Taghioff），他是一只名为塞尔达的猫的主人。截至我写这本书的时候，塔吉欧夫的推特账号的关注者已经超过了 19 万人。[63] 塔吉欧夫 32 岁，是一位住在肯特郡贝肯汉姆的客服经理。他义正词严地说，他并不靠塞尔达来养活自己："塞尔达不在我工作和事业的框架之内。这个账号非常纯粹，就是我的业余爱好。"

他接着补充说："他们计划写一本书。"—— 出版商和文学代理人一直在联系他。

塞尔达的眼球有些凸出，这让它看上去总是很惊讶。它身上黑白相间的花纹加重了这种感觉。从某些角度看，它像日本江户时代的一幅水墨画中的青蛙；从其他角度看，它像《布偶大电影》里的比克（Beaker）。和许多推特上的猫咪账户一样，塞尔达的账户 (@CuriousZelda) 使用的也是第一人称；不同的是，塞尔达从来不说故作萌态的"喵言喵语"。配文总是会暗示它为何如此惊讶，比如"快逃命吧，情况不妙""我突然意识到，我这一辈子，竟然都光着身子"。[64] 有时，它也会预告自己闯的祸，正待在家里的你甚至会感同身受："什么东西都不耐挠"；"今天，我的目的是降低房子的价值"。[65] 有时，它的瞳孔呈放大状态，这是它正在"充电"的表现："小心点儿，不要给你的塞尔达过度充电"。[66]

有时它以诗歌的形式表达自己的想法：

在家里看到一只苍蝇
我谨慎地
小声为自己助威
然后把它吃了 [67]

我好像看到了我的死敌
感觉它就在附近
事实上，这是我的想象
但我仍要守护自己的领地 [68]

抓沙发
挠床
撕窗帘
还是被投喂了 [69]

好奇猫塞尔达

塞尔达账号的订阅者形成了一个不吝宠爱和热情的群体。他们发布自己宠猫的照片。他们为塞尔达的惊讶表情提供新的内心戏。塞尔达的粉丝们创作出独特的行为方式。[70] 在推特上，塔吉欧夫甚至遭到了陌生人的求婚。[71]

2014 年，塔吉欧夫从一个救助所收养了赛尔达。他说："我去了梅休救助站，想要养一只黑猫。""塞尔达是我那天遇到的唯一的猫。一场短暂而激烈的凝视比赛过后，它妥协了，走到我身边，对我表示喜欢。"

救助所一直在担心，凸出的眼睛会让它失去被收养的机会。这只像穿着燕尾服的猫的领养广告是这么写的："不要被我惊讶的表情吓到。"当和人类室友居住了一段时间后，它便没有那么紧张了，也变得更加自信。但它的表情一如当初。

塔吉欧夫说："有朋友来时，它的表情总是会成为话题。从它的眼中可以看出很多东西，好多事都可能让它吃惊。很多同事和朋友都鼓励我将它传到网上。"2015年，他为塞尔达注册了推特账户，并在 2016 年年初开始发推。

给塞尔达添加了很多内心独白后，它便更受人喜爱了。塔吉欧夫说："以这种独特的方式，猫咪吸引了我们的注意力。我们开始尊重它们，并细细体味它们的内心世界。当它们横躺在门口时，它们实际上是在宣示主权。而狗的行为似乎非常容易理解。"

为了尽可能让塞尔达显得活灵活现，塔吉欧夫开始在推特上试验新点子。通过研究互联网上其他的猫，他学会了一些技巧。他说："当我在网上查看猫的图片和表情包时，我脑中的想法是：这是出现在我生活中的一只猫。""我让自己相信，它不只出现在推特上，而是活生生的猫。它们将房间弄得一团糟，在客厅里跑来跑去，还会睡在楼梯上。人们喜欢看到这类场景，因为他们希望塞尔达出现在他们的生活中。"

至于为何不使用"喵言喵语"，他解释道："这是有意为之的。当塞尔达刚刚出现在推特上的时候，她会拼错单词。但是，我认为它从关注者那儿学到了很多东西。从其奇怪行为中可以看出，它仍然很冲动。但是它在舔爪子的时候会思考。所以我不明白它为什么非得用幼稚的语言。"

塞尔达的观众也提供了一些背景故事。比如，它很爱喝咖啡；它有穿越时空看世界末日的本领。(在花时间浏览了塞尔达粉丝的作品和帖子后，我发现塞尔达被说得非常玄乎。)

塞尔达的粉丝数量先是缓慢爬升，后来突然加速。当有人时不时在 Imgur 或 Reddit 上发布塞尔达的照片时，它会迅速涨粉。2017 年，它的粉丝超过了 2.4 万，记者们开始写关于塞尔达的故事。有一天，塔吉欧夫的叔叔发信息告诉他，说"好奇猫塞尔达"出现在 BBC 的智力竞赛节目的问题中。图书出版商开始联系他，塔吉欧夫表示："他们看过了塞尔达的推特账号，觉得相关内容可以成书。"2019 年，领域出版社（Sphere Books）出版了书籍《好奇猫的历险：塞尔达的聪明才智》（*The Adventures of a Curious Cat: Wit and Wisdom from Curious Zelda, Purr-fect for Cats and their Humans*）。

在我和塔吉欧夫交谈的时候，他正徘徊于各种选择之间。他说，尽管出版了相关书籍，但他还是希望能够让账号保持纯粹。"只用推特没有赚钱的渠道，"他说，"开通这个账号是因为我想做一些有趣的事。不是为产品打广告，也不是为了寻找合作。塞尔达有它自己的个性。它并不拾人牙慧，也不是为了宣传什么。很明显，它是一只有深度的猫。"

"猫"生巅峰

在 2000 年的一篇文章中，文学评论家弗兰科·莫雷蒂（Franco Moretti）写道，文学类型并不是产生自作家或文化权威，而是产生自观众。[72] 他首先引用了经济学家阿瑟·德·瓦尼（Arthur De Vany）和 W. 戴维·沃尔斯（W. David Walls）发明的一个模型，该模型曾用于阐释电影经济的轰动效应。正如德·瓦尼和沃尔斯指出的，电影行业主要靠叫座电影支撑，80% 的票房收入实际上来自 20% 的影片。但问题是，没有人能准确预测哪部电影会火。观众们通过向他人推荐电影来制造热点，此过程会形成一个"信息瀑布"，一次推荐会引发下一次的推荐；但有时候，电影发烧友对某部片子的喜爱，会让相关人员感到惊讶。德瓦尼和沃尔斯写道："很多时候，观众并不是根据之前的喜好来观看电影的，而是重新发现他们喜爱的事物。不管尝试是成功还是失败，他们就这么做了。""当他们看到一部对口味的电影时，这往往是一种新的发现。他们会跟朋友讨论这部电影；评论者也是这么做的。随着他们不断地发现自己的需求，并将这些信息传播给其他消费者后，需求就会随着时间的推移而动态发展。"[73]

莫雷蒂认为，文学市场也是这样运作的。但或许只有文学研究者才能解释，经济学家在分析电影市场时未能分析的文学市场情况，即：哪种具体手段在特定的时间能够吸引特定的观众，从而激发信息的连锁反应。例如，侦探小说研究者可能会注意到，在阿瑟·柯南道尔生活的时代，大多数发表的侦探小说都不是"典型"的侦探小说。典型的侦探小说会给出材料线索，尽管读者不一定会注意到这些指向结局的证据，但它们一定会在小说中出现。即使是柯南道尔的"福尔摩斯系列"，故事也不都会出现这些线索。不过，大部分故事中是有的，这成了读者喜欢并推荐柯南道尔的小说，而不是其竞争对手的作品的理由。这成就了夏洛克·福尔摩斯，他至今都是文学创作中最杰出的侦探。[74]

当今时代的观察者们已经开始分析，有些分析甚至还很有道理——到底是什么特点，让网民对互联网上的猫如此狂热？他们喜欢可爱的事物，而猫的娃娃脸和大眼睛让它们的可爱程度爆表。他们喜欢脆弱的东西，因此很容易被身怀缺陷的不爽猫和里尔小宝吸引，甚至，喜欢总是受惊的塞尔达。他们认同约翰·济慈所谓的"消极感受力"：不爽猫总让我们思考它不开心的原因，而我们从来得不到一个确切的答案。并且，似乎，网民们也喜欢它们古怪的时刻。里尔小宝会在宇宙飞船里跳来跳去；塞尔达可以看到世界的尽头；黑色金属猫暴露了日常生活的潜在怪异之处。听着猫咪合唱团的音乐，刘易斯 - 克劳斯说，这种奇怪的音乐自有其特别之处，它特别像是某种宗教仪式中的冥乐。[75]

尾声，后知后觉的猫党

当我开始写这本书的时候，我并不是一个养猫的人。但我想把这个课题研究得彻底点，所以在动笔后，我向布鲁克林的一家猫咪收容所提交了养猫申请。

收容所选了一只小黑猫给我。一开始，我把它放在公寓的浴室里，这样它就不会藏在我找不到的地方。当我抚摸它的时候，就像开启了回声定位器，巨大的咕噜声在整个小房间回荡，连墙壁都好像震动了。"亚伦·伯尔"，对，这就是你的名字（Aaron Purr，第三届美国副总统的名字。"Purr"是一个姓氏，但作为单词，它是猫的咕噜声的拟声词）。

"你知道问题所在吗？"那天父亲在电话里问。

"什么？"我问。

"你会留下这只猫。"

"我不会。"我说。并在接下来的十分钟里解释了原因。

日子一天天过去，我在 Facebook 上写道：

> 狗和小猫蜷缩在一起。
>
> 维克多现在经常模仿那只猫。猫做了什么，维克多也试着做。
>
> 更多模仿：猫在给自己梳毛；维克多试着给猫梳毛。
>
> 狗和猫又蜷在一起了。我不想不停地直播这段感情，不过我还是说了。
>
> 小猫最喜欢在我电脑旁边的桌子上睡觉。目前我能接受。
>
> 这只猫赢得了我的尊敬。但这并不意味着我的趣味改变了。

最后，我在电话里告诉父亲："我要留下这只猫。"

"哟，真意外。"他说。

亚伦·伯尔永远都不会成为推特明星或 Instagram 网红。它讨厌别人给它拍照，如果我带着相机走近它，它就会悄声走开。如果把它形容为一个人，那他就是谨慎、内向且爱思考的类型。

在数次对它们表示嫌弃之后喜欢上它们，这真是一种打脸行为。既然维克多不识字，那我就多说一句，我可能是个猫奴。最近我常收养小猫，它们的特征和人一样：有的傻乎乎的，有的很绅士，有的害羞，有的狡猾，还有的傲慢。独自工作的时候，它们是很好的伴侣。现在，我能解读很多猫的身体语言，我发现，它们的情绪异常丰富。

这一针见血地提醒了我，我无法预测自己生活的走向。我想，我应该克制自己，不能假装对互联网的未来有多了解。然而，我却可以肯定地说，无论未来的互联网怎么发展，其形式都会和猫有关：轻浮、叛逆、可爱、刻薄和怪异。不同属性的网民们仍会为不存在的互联网高地而战斗，而游戏和政治也将永远在这个场域并存。

致 谢

这本书得以出版，要感谢我杰出的朋友和同事的支持。D.E. 维特科维尔（D. E. Wittkower）是"互联网/猫"的学术社区中的核心人物，他为我提供了不可或缺的资源和建议。是移动影像博物馆的数字媒体策展人詹森·埃平克为我提供的展览文件，对我书写第 4 章起到了极大的作用。除此之外，他还为本书的初稿提出了宝贵意见。伊桑·扎克曼和内特·马提斯是网络研究专家，他们为讨论猫、互联网和互联网上的猫付出了宝贵的时间和经验。我也感谢好奇猫塞尔达的主人马特·塔吉欧夫，感谢他对网络成名的深刻看法。

这本书的部分内容曾出现在《公共图书》（*Public Books*）和《新媒体与社会》（*New Media & Society*）上。我非常感谢他们的编辑沙荣·马库斯（Sharon Marcus）、凯特琳·赞鲁姆（Caitlin Zaloom）和史蒂文·琼斯（Steve

Jones），感谢他们的指导和编辑经验。

斯坦福大学出版社主编凯特·沃尔（Kate Wahl）从一开始就对这本书有所指导。感谢她，也感谢众多我不知其名的本书的读者们。

注 释

前 言

[1] Dana Perino, *Let Me Tell You about Jasper* (New York : Twelve, 2016) ; Mary Oliver, Dog Songs (New York: Penguin, 2013); Mike Ritland, *Trident K9 Warriors* (New York: St. Martin's, 2015); Seth Casteel, *Underwater Dogs* (New York: Little, Brown and Company, 2012); Maria Goodavage, Soldier Dogs (New York: Dutton, 2012); Jim Gorant, *The Lost Dogs* (New York: Avery, 2011);Malcolm Gladwell, *What the Dog Saw* (New York: Penguin, 2015); Alexandra Horowitz, *Inside of a Dog* (New York: Scribner, 2010); Dean Koontz, *A Big Little Life* (New York: Random House, 2011); Mark R. Levin, *Rescuing Sprite* (New York: Threshold, 2009);Anna Quindlen, *Good Dog. Stay* (New York:Random House, 2007); Ted Kerasote, *Merle's Door* (New York: Mariner Books, 2008); Jon Katz, *Dog Days* (New York: Villard, 2007); John Grogan, *Marley and Me* (New York: William Morrow, 2005); John O'Hurley, *It's Okay to Miss the Bed on the First Jump* (New York: Hudson Street, 2006).

[2] Gwen Cooper, *Homer's Odyssey* (Delacorte, 2010).

[3] 讨论明星身份和互联网的关联有很多。比如 Rex Sorgatz, "The Microfame Game" , New York, June 17, 2008, http://nymag.com/news/media/47958/; 以及 Chris Anderson, The Long Tail: *Why the Future of Business Is Selling Less of More* (New York: Hyperion, 2006).

[4] Caitlin Dewey, "Meet the Internet's Earliest Cat Lovers—and the Trolls Who Terrorized Them", *Washington Post*, August 8, 2014, https://www.washingtonpost.com/news/the-intersect/wp/2014/08/08/meet-the internets-earliest-cat-lovers -and-the-trolls-who-terrorized-them/.

[5] Kenneth Goldsmith, *Wasting Time on the Internet* (New York: HarperCollins, 2016).

[6] 2018 年出版的书籍《Disrupting the Digital Humanities》采用了类似的设计：封面是一只正在叫的猫，而书中没有任何有关猫的内容。Dorothy Kim 和 Jesse Stommel 编 , *Disrupting the Digital Humanities* (New York: Punctum, 2018).

[7] "Asian Leaders Are in the Vanguard of Social Media", *The Economist*, February 8, 2018, https://www.economist.com/asia/2018/02/08/asian-leaders-are-in-the-vanguard-of-social-media; Kevin Roose, "Online Cesspool Got You Down? You Can Clean It Up, for a Price", *New York Times Magazine*, November 13, 2019, https://www.nytimes.com/interactive/2019/11/13/magazine/internet-

premium.html;

"So the Internet Didn't Turn Out the Way We Hoped. Where Do We Go from Here?", *New York Times Magazine*, November 14, 2019, https://www.nytimes.com/interactive/2019/11/14/magazine/internet-future-dream.html.

[8] Ben Smith, "11 BuzzFeed Lists that Explain the World", *Foreign Policy* no. 200, May-June 2013, 20–21, https://foreignpolicy.com/2013/04/29/11-buzzfeed-lists-that-explain-the-world/.

[9] Caitlin McGarry, "Reddit's Grand Vision: Come for the Cats, Stay for the Empathy", *PC World*, March 10, 2017, https://www.pcworld.com/article/3179646/reddits-grand-vision-come-for-the-cats-stay-for-the-empathy.html.

[10] 比如 Meredith Woerner, "The Epic Mural of the Internet Doesn't Have Nearly Enough Cats", io9（博客文章）, Gizmodo, January 29, 2010, https://io9.gizmodo.com/the-epic-mural-of-the-internet-doesnt-have-nearly-enoug-5459303. Adrienne Massanari 写的关于 Reddit 的书也用了类似的说法：如果互联网是由猫组成的，那么 Reddit 就是其发源地……我确定我从 2008 年或 2009 年才开始半规律地访问该网站，大部分都是因为上面有猫的图片……因为猫，我才上 Reddit，我为它们留了下来。"Adrienne Lynne Massanari, *Participatory Culture, Community, and Play: Learning from Reddit* (New York: Peter Lang, 2015), 5.

[11] 亦可参见 Caroline O'Donovan, "They Put the U in UGC: BuzzFeed

Builds a Community Vertical as a Talent Incubator", *NiemanLab,* May 20, 2013, http://www.niemanlab.org/2013/05/they-put-the-u-in-ugc-buzzfeed-builds-a-community-vertical-as-a-talent-incubator/.

[12] "About BuzzFeed Community", BuzzFeed Community, November 26, 2019 访问 , https://www.buzzfeed.com/community/about#catpower.

[13] Quoc V. Le et al., "Building High-Level Features Using Large Scale Unsupervised Learning", *Proceedings of the 29th International Conference on Machine Learning* (Edinburgh, Scotland: Omnipress, 2012), https://icml.cc/2012/papers/73.pdf.

[14] John Markoff, "How Many Computers to Identify a Cat? 16000", *New York Times,* June 26, 2012. 亦可参见 Liat Clark, "Google's Artificial Brain Learns to Recognize Cat Videos", *Wired,* June 26, 2012, https://www.wired.com/2012/06/google-x-neural-network/.

[15] Sarah Boxer, "Internet's Best Friend (Let Me Count the Ways)", *New York Times,* July 30, 2005, https://www.nytimes.com/2005/07/30/arts/internets-best-friend-let-me-count-the-ways.html.

[16] John Blackstone, "Cats Take over Internet, Marketing World", *CBS News,* September 2, 2013, https://www.cbsnews.com/video/cat-videos-take-over-internet-marketing-world/.

[17] John st., "Catvertising", YouTube, November 10, 2011, https://www.youtube.com/watch?v=IkOQw96cfyE.

[18] Ethan Zuckerman, "Cute Cats to the Rescue? Participatory Media

and Political Expression",收录于 *Youth, New Media, and Political Participation,* Danielle Allen 和 Jennifer Light 编 , (Boston: MIT Press), 131–54.

[19] Kate Miltner, "SRSLY Phenomenal: An Investigation into the Appeal of Lolcats" (硕士论文 , London School of Economics, 2011).

[20] Eppink, "How Cats Took Over the Internet" Exhibition at the Museum of the Moving Image, New York City, 2015. 这个展览强调了当猫在互联网上流行时技术所起到的重要作用。例如，猫是个人电脑自带摄像头的绝佳拍摄题材。本书则更强调文化因素。

[21] Gideon Lewis Kraus, "In Search of the Heart of the Online Cat-Industrial Complex", *Wired,* August 31, 2012.

[22] Dick Hebdige, *Subculture: The Meaning of Style* (New York: Routledge, [1979] 2013), 105.

[23] Sara Kiesler, "The Hidden Messages in Computer Networks", Harvard Business Review, January 1986, https://hbr.org/1986/01/the-hidden-messages-in-computer-networks.

[24] Suzanne Keller, " 序言 ", Starr Roxanne Hiltz 和 Murray Turoff, *The Network Nation: Human Communication Via Computer* (Reading, MA: Addison-Wesley, 1978), xix.

[25] 比如，对早期公司电脑公告栏的交流作用进行研究后发现，" 即使把打字的时间考虑在内，在计算机网络上做决定的时间也比在现实中要长，而且不受约束的行为 (侮辱和愤怒) 增加了 "。

转引自 Jennifer Jean McGee, "Net of a Million Lies: Rhetoric and Community on Three Usenet Newsgroups" (博士论文, University of Minnesota,1998), 12. 而到了 1995 年, Nancy Baym 在对以电脑为媒介的交流的研究做出调查之后, 认为 " 以人物为导向的 CMC 申请仍旧是大部分研究的重点 "。Nancy Baym, "The Emergence of Community in Computer-Mediated Communication", 收录于 CyberSociety: Computer-Mediated Communication and Community, Steven Jones 编, (Thousand Oaks, CA: Sage Publications, 1995), 139.

[26] Hiltz 和 Turoff, *The Network Nation,* 62, 88, 96–113.

[27] 同上, 76–83.

[28] Howard Rheingold, *The Virtual Community: Homesteading on the Electronic Frontier* (读本, MA: Addison-Wesley, 1993), 54–56.

[29] 样例参见 Fred Turner, *From Counterculture to Cyberculture: Stewart Brand, the Whole Earth Network, and the Rise of Digital Utopianism* (Chicago: The University of Chicago Press, 2006); Jonathan Zittrain, The Future of the Internet and How to Stop It (New Haven, CT: Yale University Press, 2008).

[30] 样例参见 Scarlett Kilcooley-O'Halloran, "J Lo Responsible for Google Images," *Vogue.co.uk,* April 8, 2015, https://www.vogue.co.uk/article/j-lo-green-versace-dress-responsible-for-google-image-search.

[31] 针对 YouTube 的崛起过程, Jean Burgess 和 Joshua Green 在

《YouTube》一书描述了几种相互竞争的叙事方式，*YouTube,* (Cambridge, UK: Polity Press, 2009), 2–4. 关于这种实践中特殊的叙述方式的例子，参见 John Biggs, "A Video Clip Goes Viral, and a TV Network Wants to Control It", *New York Times,* February 20, 2006, https://www.nytimes.com/2006/02/20/business/media/a-video-clip-goes-viral-and-a-tv-network-wants-to-control-it.html; and Andrew Wallenstein and Todd Spangler, "'Lazy Sunday' Turns 10: 'SNL' Stars Recall How TV Invaded the Internet", *Variety,* December 18, 2015, https://variety.com/2015/tv/news/lazy-sunday-10th-anniversary-snl-1201657949/.

第 1 章

[1] Brian Clark Howard，"People Are Scaring Their Cats with Cucumbers. They Shouldn't", *National Geographic,* 2015 年 11 月 17 日，https://www.nationalgeographic.com/news/2015/11/151117-cats-cucumbers-videos-behavior/.

[2] Gawker 的记者 Adrian Chen 后来承认，面包猫活动是为了提高 Gawker 网的流量而发起的。Adrian Chen, Twitter post, August 17, 2015, https://twitter.com/adrianchen/status/633472532981678080?lang=en; Adrien Chen, "Hot New Internet Meme: 'Breading' Cats," *Gawker* (January 31, 2012), https:// gawker.com/5880885/hot-new-internet-meme-breading-cats; Kaitlyn Tiffany, "If You Want to Make

a Meme, You Have to Break a Few Journalists", *The Verge* (August 18, 2015), https:// www.theverge.com/2015/8/18/9171755/meme-gawker-buzzfeed-cat-bread-breading-make-your-own.

[3] Black Metal Cats (@evilbmcats).

[4] 我怀疑（至少是某些时刻），这是一个电影工作者针对著名剧作《Save the Cat》开的一个玩笑。Blake Snyder, *Save the Cat! The Last Screening Writing Book You'll Ever Need* (Studio City, CA: M. Wiese, 2005).

[5] 参见 Robert Darnton, *The Great Cat Massacre: And Other Episodes in French Cultural History* (New York: Basic Books, [1984] 2009).

[6] 同上, xviii.

[7] 这里只对欧洲的语境进行探讨。想要知晓猫在中世纪以前的含义，并简要了解这些含义变化的原因，参见 Donald W. Engels, *Classical Cats: The Rise and Fall of the Sacred Cat* (New York: Routledge, 1999).

[8] 同上, 95. 因此，举例来说，一本法国历史词典如此解释了关于猫的俚语："CHAT. Sexe de la femme. Synonyme: la chatte." 参见 John F. Moffitt, "Provocative Felinity in Manet's 'Olympia' ", *Source: Notes in the History of Art* 14, no. 1 (Fall 1994): 27–28.

[9] 在我养了一段时间的猫后，我发现，布歇画中的猫的表情是在说："跟我玩吧。"在我看来，这至少证明了布歇养过猫。

[10] P. Reuterswärd, "The Dog in the Humanist's Study", *Konsthistorisk Tidskrift* 50, no. 2 (1981): 54–57.

[11] Moffitt, "Provocative Felinity in Manet's 'Olympia'", 21–25.

[12] 因为狗是很好的追踪者，并且常在追踪的过程动脑筋，所以在中世纪和早期现代艺术中，狗有时被作为智慧或聪明的代表。Reuterswärd, "The Dog in the Humanist's Study", 56–57.

[13] John Lindow, "Cats and Dogs, Trolls and Devils: At Home in Some Migratory Legend Types," *Western Folklore* 69, no. 2 (Spring 2010): 163–79.

[14] 17世纪的作家查尔斯·佩罗（Charles Perrault）将此故事改编为《穿靴子的猫》。和通常的做法一样，佩罗给故事赋予了两种寓意，一种针对儿童，另一种针对成年人。粗略地说，第一种寓意是：勤奋最终比巨额遗产更有价值；第二种寓意是：佛靠金装，人靠衣装。

[15] Claude Levi-Strauss, *Totemism,* (Boston: Beacon Press, [1962] 1963), 89.

[16] 引自 Desmond Morris, *Catlore* (New York: Crown Publishers, 1987), 158–59. Z用英语写成的最早的恐怖故事，其出版时的题目为"当心那只猫"。William Baldwin, "A Marvelous Hystory Intituled, Beware the Cat" (London: At the Long Shop Adioyning Unto Saint Mildreds Church in the Pultrie by Edward Allde, [1553] 1584). 参见 Early English Books Online.

[17] Casey Chan, "Why Do Cats Die Funny and Dogs Die Sad in Movies?" *Gizmodo,* August 5, 2016, https://gizmodo.com/and-i-don-t-blame-it-for-wanting-to-survive-1784945261?jwsource=cl.

[18] *New York Daily News,* October 8, 2016.

[19] 样例参见David Alan Grier, *When Computers Were Human* (Princeton, NJ: Princeton University Press, 2005); N. Katherine Hayles, *My Mother Was a Computer: Digital Subjects and Literary Texts* (Chicago: The University of Chicago Press, 2005); Marie Hicks, Programmed Inequality: How Britain Discarded Women Technologists and Lost Its Edge in Computing (Cambridge, MA: MIT Press, 2017).

[20] Vannevar Bush, "As We May Think," *The Atlantic,* July 1945, https://www.theatlantic.com/magazine/archive/1945/07/as-we-may-think/303881/.

[21] Grier 指出，这个人可能是 John Tukey，他曾提出用 "bit" 来代替 "binary digit"。贝尔实验室的研究员 George Stibitz 所谓 "girl years" 是类似的用法。(Grier, *When Computers Were Human,* 365ff).

[22] Starr Roxanne Hiltz 和 Murray Turoff, *The Network Nation: Human Communication Via Computer* (读本 , MA: Addison-Wesley, 1978), 13.

[23] 关于麻省理工学院的黑客文化之起源，很多书籍都探讨过。其中一本为 Steven Levy, Hackers: *Heroes of the Computer Revolution*

(New York: Doubleday, [1984] 1994).

[24] Howard Rheingold, *The Virtual Community: Homesteading on the Electronic Frontier* (读本 , MA: Addison-Wesley, 1993), 49. 1991 年，在一篇有关个人工作站电脑（对主流文化而言，这仍是一种新奇事物）的会议新闻稿中，一位记者写道："他们称自己为苹果狂热粉，是苹果 Macintosh 电脑的铁杆用户。每年会有成千上万人来到旧金山参加 Macworld 博览会。有些人是穿着西装来的，夹着公文包；有些人是穿着感恩之死乐队的周边 T 恤来的，但依旧夹着公文包。大部分人看上去都很兴奋。" Walter Kirn, "Valley of the Nerds," *Gentleman's Quarterly,* July 1991, 97.

[25] 事实上，感恩之死乐队的歌词作者 John Perry Barlow，是非常重要的早期赛博空间理论家。样例参见 John Perry Barlow, "A Declaration of Independence for Cyberspace," February 8, 1996, Electronic Frontier Foundation, https://www.eff.org/cyberspace-independence; Turner, *From Counterculture to Cyberculture,* 171–74. Barlow 和 Mitchell Kapor 共同创立了电子前线基金会。

[26] Levy, *Hackers,* 139–42.

[27] 研究计算机文化与嬉皮士反主流文化的关系的重要著作，包括 Turner, *From Counterculture to Cyberculture;* 以 及 John Markoff, *What the Dormouse Said: How the Sixties Counterculture Shaped the Personal Computer Industry* (New York: Penguin Books, 2005).

[28] 在其创作于 1778 年的诗作《An Elegy on The Death of Dr. Johnson's Favourite Cat》中，Percival Stockdale 使用了 " 朋克 " 一词的

原义：

[The cat's] example we shall find

A keen reproof of human kind.

He lived in town, yet ne'er got drunk,

Nor spent one farthing on a punk…

作为军事俚语的"朋克"，参见 Elbridge Colby 的军事辞典，
Army Talk: A Familiar Dictionary of Soldier Speech (Princeton, NJ:
Princeton University Press, 1942).

[29] Gordon Meyer 和 Jim Thomas, "The Baudy World of the
Byte Bandit: A Postmodernist Interpretation of the Computer
Underground," *Gordon's Desktop Publications,* June 10, 1990, http://
hacker.textfiles.com/papers/baudy.html. 泛泛地说，"黑客"指的是
未经授权而访问他人电脑的行为。在 20 世纪 60 年代和 70 年代，
"黑客"一词主要指计算机极客。而到了 20 世纪 80 年代，人们
对黑客企图入侵政府和企业计算机系统的行为的关注，改变了
它在流行文化中的含义。对于大多数黑客来说，"黑客"一词指
的是掌握、探索计算机或用计算机找乐子的行为。

[30] 同上；Thomas J. Holt, "Hacks, Cracks, and Crime: An Examination of the
Subculture and Social Organization of Computer Hackers"（博士论
文, University of Missouri-St. Louis, 2005), 11–28.

[31] 引自 Dick Hebdige 阐述了对朋克风格颇有洞见的著作 *Subculture:
The Meaning of Style* (New York: Routledge, [1979] 2013), 105,
109–10. Hebdige 也评论过翁贝托·艾柯的情节剧。

[32] 样例参见 Meyer 和 Thomas, "The Baudy World of the Byte Bandit"; Elizabeth M. Reid, "Electropolis: Communication and Community on Internet Relay Chat" (优秀论文 , University of Melbourne, 1991); Paul Taylor, *Hackers: Crime in the Digital Sublime* (London: Routledge, 1999), 169–70.

[33] 我知道有些人会说,朋克一词本身就是后现代的。

[34] Grohl 和 Kurt Cobain 认为涅槃乐队的风格是 " 朋克 ",而并非 " 垃圾摇滚 "。回忆自己的青年时代,涅槃乐队的鼓手 Dave Grohl 认为,DIY 文化可以以某种方式介入政治 :" 乐队吸引并启发我的,不只是噪声、反叛和危险,还有他们从传统、流行的公司制的建构中的剥离,以及支持独立音乐的地下文化。在我十三岁时,我认识到,我可以有自己的乐队,可以写自己的歌,可以自己发行唱片,可以有自己的标签,可以预售自己的音乐会门票,可以编写和出版自己的粉丝杂志,可以印刷自己的 T 恤 —— 都是我自己就能做的。一切都没有对错之分,因为这些都出自于我。" Dave Grohl, keynote speech, South by Southwest festival, 2013, https://www.rollingstone.com/music/music-news/dave-grohls-sxsw-keynote-speech-the-complete-text-89152/.

[35] Hebdige, *Subculture,* 120–21.

[36] Levy, *Hackers,* 26–36. 非官方的文件 (这个领域没有正式文件) Jargon File 概述了这种信条,它用七句话定义了黑客:黑客以探索计算机系统为乐 ;黑客不仅懂编程,还会敲代码 ;黑客会将程序做得又快又好 ;每个黑客都是某类程序的专家,并且常

常开发相关程序；有些事情做了好像没什么用，但他们还是很喜欢做；黑客是某个领域的行家或专家，这并不局限于计算领域；黑客乐于突破各种限制。Jargon File 还为它添加了一个"不正确"的定义：黑客探索系统，是为了获取那些受保护的信息。从这种意义上来说，"黑客应该叫'悍客'（cracker）。" "Hacker", The Jargon File, version 4.4.8, http://www.catb.org/jargon/html/H/hacker.html. Cited in Holt, "Hacks, Cracks, and Crime," 6.

[37] Meyer 和 Thomas, "The Baudy World of the Byte Bandit." 黑客们还通过传播和嘲笑主流媒体对他们的错误黑客行为的报道来维护边界，例如将所有的计算机活动都称作犯罪行为。1984 年，《华盛顿邮报》如此形容黑客群体："通过模仿电信公司，利用电话线路入侵……黑客们登录彼此的地下'公告牌'，进行秘密获取公司电话号码和密码的交易，发布有效的信用卡号码，或是在乖巧听话的高中生本该睡觉的时候，在电脑屏幕上悄无声息地交谈。" 很容易理解为什么这被认为是假新闻，因为使用电话线路并不违法 —— 《华盛顿邮报》大惊小怪地将之称为"侵入"电话线路。

[38] Bronwen Calvert, "William Gibson's 'Cyberpunk' X-Files", *Science Fiction Film and Television* 6, no. 1 (2013): 39–53. 我们甚至可以从作为网络常用语有意而为的错误拼写和不恰当表述中看到朋克文化的残余。正如 Hebdige 所观察到的，朋克文化爱好者杂志，或者其他相关的私人印刷杂志，古怪而个性化，并且有一种精心设计的非专业感。"各种宣言都是从'工人阶级'的角度出发的（也就是说，脏话连篇），拼写错误、语法错误、印刷错误和

页码错误在定稿中都没有得到纠正……最强烈的印象是一种紧迫感和即刻感，像是在仓促中写下的文字，如同从前线传来的备忘录"(Hebdige，Subculture，111-12)。早期很多线上黑客杂志都遵循此种风格，如《Phrack》。网络聊天的一些惯例——我曾经看到一条推文写道："用大写字母发推的人都是警察"——似乎最终可以追溯到朋克杂志美学。

[39] 毕竟，线上的交流文字通常读起来简洁而富有侵略性，缺乏面对面交流的上下文线索。关于以电脑为媒介的交流的定义，样例参见 Pixy Ferris, "What Is CMC? An Overview of Scholarly Definitions", *CMC Magazine,* January 1997; Susan Herring, "Computer-Mediated Discourse", 收录于 *The Handbook of Discourse Analysis,* Deborah Schiffrin, Deborah Tannen 和 Heidi E. Hamilton 编 (Oxford: Blackwell, 2003), 612–34. 对于 "trolling" 一词在以电脑为媒介的交流语境下的定义，样例参见 Claire Hardaker, "Trolling in Asynchronous Computer-Mediated Communication: From User Discussions to Academic Definitions", *Journal of Politeness Research* 6, no. 2 (2010): 215–42.

[40] Meyer 和 Thomas, "The Baudy World of the Byte Bandit"; Holt, "Hacks, Cracks, and Crime", 74–82.

[41] 样例参见 Lori Kendall, *Hanging Out in the Virtual Pub: Masculinities and Relationships Online* (Berkeley: University of California Press, 2002); T. L. Taylor, *Raising the Stakes: E-Sports and the Professionalization of Computer Gaming* (Cambridge, MA: MIT Press, 2012), 112–17; Megan Condis, " 'Get Raped, F****t': Trolling

as a Gendered Metagame", 收录于 *Gaming Masculinity: Trolls, Fake Geeks, and the Gendered Battle for Online Culture* (Iowa City: Universityof Iowa Press, 2018), 20–21.

第 2 章

[1] Dave Barry, *Dave Barry in Cyberspace* (New York: Crown Publishing Group, 1996); John Seabrook, *Deeper: My Two-Year Odyssey in Cyberspace* (New York: Simon and Schuster, 1997); Julian Dibbell, *My Tiny Life: Crime and Passion in a Virtual World* (New York: Henry Holt and Company, 1998). 有些天真是作家们假装的，有的则不是。在收到一封出言不逊的电子邮件后，Seabrook 写信给 CompuServe，愤怒地询问"他们是否接受其用户"被辱骂的行为 (102–103)。

[2] Usenet 的用户用"永恒的九月"来描述 1993 年 9 月的那段时期。那时 AOL 允许其用户使用 Usenet，因此，此时期的 Usenet 属于普通大众，而不是少数首创用户。时光永远不会逆转。Walter Isaacson, *The Innovators: How a Group of Hackers, Geniuses, and Geeks Created the Digital Revolution* (New York: Simon and Schuster, 2014): 401.

[3] Seabrook, *Deeper,* 103–105.

[4] 同上，104.

[5]　对于当今的"入侵"，一些记者从"前线"发来过报道。样例参见 Whitney Phillips, *This Is Why We Can't Have Nice Things: Mapping the Relationship between Online Trolling and Mainstream Culture* (Cambridge, MA: MIT Press, 2015); Angela Nagle, *Kill All Normies: Online Culture Wars from 4Chan and Tumblr to Trump and the Alt-Right* (London: Zero Books, 2017); 以及其他下文中所列来源。在宠物猫休闲小组被入侵后，网络引战和煽风点火的行为相重叠，很多人故意发布充满敌意和冒犯的内容。凑巧的是，发生于 Usenet 的一个早期"煽风点火"的例子，是用猫叫的拟声词"喵"轰炸某个新闻组。此行为起源于新闻组 alt.flame。"显然，alt.flame 的一个活跃的发布者喜欢用'喵'来替换其文字中的很多内容，就像罗杰斯先生的邻居亨丽埃塔猫一样。当发现这种行为能激怒很多人后，更多的人开始用'喵'发文，这些长文里全部都是这一个字。" Jennifer Jean McGee, "Net of a Million Lies: Rhetoric and Community on Three Usenet Newsgroups" (博士论文，University of Minnesota, 1998), 173ff.

[6]　样例参见 Josh Quittner, "The War between alt. tasteless and rec. pets.cats", *Wired,* May 1, 1994, https://www.wired.com/1994/05/alt-tasteless/; Stephanie Brail, "The Price of Admission: Harassment and Free Speech in the Wild, Wild West", 收录于 *Wired Women: Gender and New Realities in Cyberspace,* Lynn Cherry 和 Elizabeth Reba Weise 编 (Toronto: Seal Press, 1996), 141–57; Caitlin Dewey, "Meet the Internet's Earliest Cat Lovers—and the Trolls Who Terrorized Them", Washington Post, August 8, 2014, https://www.washingtonpost.com/news/the-intersect/wp/2014/08/08/meet-the-

internets-earliest-cat-lovers-and-the-trolls-who-terrorized-them/.

[7] Robert Darnton, *The Great Cat Massacre: And Other Episodes in French Cultural History* (New York: Basic Books, [1984] 2009), 100.

[8] Quittner, "The War between alt.tasteless and rec.pets.cats".

[9] 在发生于 2017 年的一个众所周知的事件中，哈佛大学撤销了几个已被录取但尚未注册的少年的入学资格。这些学生加入了准 2021 级哈佛新生的 Facebook 小组，然后创建了一个内部群，取名为"淫荡中产阶级少年的哈佛表情包"。在这个群里，他们互换表情包和笑话，以"大屠杀、虐待儿童、性侵和诋毁少数群体"等内容取乐。Rebecca Heilweil, "Harvard Rescinds Admissions to 10 Students for Offensive Facebook Memes", *Forbes,* January 5, 2017, https://www.forbes.com/sites/rebeccaheilweil1/2017/06/05/harvard-rescinds-10-admissions-offer-for-offensive-facebook-memes-ollowing-commencement-speaker-zuckerberg/#3dc579473dbd.

[10] 例如，在《英雄联盟》的玩家中，流行着很多传言。比如，该游戏的开发商 Riot Games 拥有单独的服务器，可以用来驱逐巨魔。游戏公司暴雪娱乐（Blizzard Entertainment）也表示，它已经测试过了对入侵的隔离程序。Steve Schirra, User Experience Research Manager at Twitch, Facebook 推送给作者的消息 , January 23, 2019; Yannick LeJacq, "How Blizzard Is Taking Aim at Toxic Players in Heroes of the Storm", *Kotaku,* March 6, 2015, https://www.kotaku.co.uk/2015/03/05/blizzard-taking-aim-toxic-players-

heroes-storm.

[11] 正如 John Synnott 和 Marla Ioannou 在 2017 年指出的那样，与对个人网络引战行为和动机的研究相比，对群体的网络引战行为的研究的相关文献很少。John Synnott and Marla Ioannou, "Online Trolling: The Case of Madeleine McCann", *Computers in Human Behavior* 71 (January 2017): 72.

[12] Quittner, "The War between alt.tasteless and rec.pets.cats".

[13] 举例来说，"sootikin" 这个术语在新闻组中非常常见，多出现在新闻组的问答板块。我不会在这里定义这个术语，但它明显建立在对女性的身体有误解的基础上。引自 Quittner, "The War between alt.tasteless and rec.pets.cats".

[14] 同上。

[15] Brail, "The Price of Admission", 152.

[16] Quittner, "The War between alt.tasteless and rec.pets.cats". 亦可参见 Dewey, "Meet the Internet's Earliest Cat Lovers—and the Trolls Who Terrorized Them".

[17] Darnton, *The Great Cat Massacre,* 98. 养猫人 Samantha Paige Rosen 曾说出经典的内心独白，"我养了三只猫，但请别叫我疯狂的猫式女人"。Washington Post, May 30, 2016, https://www.washingtonpost.com/news/soloish/wp/2016/05/30/i-have-three-cats-but-dont-call-me-a-crazy-cat-lady/.

[18] *Witchcraft in England* 前言 , 1558–1618, Barbara Rosen 编 (Amherst: The University of Massachusetts Press, [1969] 1991), 32.

[19] Darnton, *The Great Cat Massacre,* 96. 正如 Barbara Rosen 和 James Serpell 所指出的，尽管整个现代欧洲的牧师们都相信女巫与动物之间存在着可疑的关系，但只有英国人给出了大量关于家养动物，或者是伪装成恶魔的动物伴侣的描述。欧洲大陆的女巫们主要在女巫安息日骑着动物形貌的恶魔，或者在魔鬼变成动物的时候对其毕恭毕敬。Serpell 认为，我们可以将这种差异归因于欧洲大陆的巫术中的虚假牧师图景：女巫们将巫术作为教会实践的反面，她们常多人行动，而不是独自行动。英国的巫术据说是远离人群的怪人的领域——寡妇和老处女，她们的孤独和通过动物的陪伴来缓解孤独的状态，都会被人们看作病态的。Rosen," 前 言 "; James Serpell, "Guardian Spirits or Demonic Pets: The Concept of the Witch's Familiar in Early Modern England, 1530–1712", 收录于 A.N.H. Craeger 和 W. C. Jordan. Rochester 编 , *The Animal–Human Boundary: Historical Perspectives* (Rochester, NY: Rochester University Press, 2002): 159–82. 将与动物为伴的人视为懂巫术的人并加以迫害，相关话题亦可参见 Keith Thomas, *Man and the Natural World: Changing Attitudes in England, 1500–1800* (Oxford: Oxford University Press, [1983] 1996); James Serpell, *In the Company of Animals: A Study of Human-Animal Relationships* (Cambridge: Cambridge University Press, [1986] 1996).

[20] Brail, "The Price of Admission", 152.

[21] Quittner, "The War between alt.tasteless and rec.pets.cats".

[22] Geoffrey Hughes, "Slang", 收录于 *An Encyclopedia of Swearing: The Social History of Oaths, Profanity, Foul Language, and Ethnic Slurs in the English-Speaking World* (New York: Routledge, [2006] 2015), 438.

[23] Phillips, "This Is Why We Can't Have Nice Things", 62.

[24] Brail, "The Price of Admission", 152.

[25] Quittner, "The War between alt.tasteless and rec.pets.cats". 这种情况在我们这个时代网络暴民的相关报道中非常常见，这些暴民会以死亡和强奸相威胁，将网暴对象 P 进可怕的犯罪现场中，甚至会公开对方的家庭住址。样例参见 Karla Mantilla, Gendertrolling: *How Misogyny Went Viral* (Santa Barbara, CA: Praeger, 2015); Megan Condis, " 'Get Raped, F****t'": Trolling as a Gendered Metagame", 收录于 *Gaming Masculinity: Trolls, Fake Geeks, and the Gendered Battle for Online Culture* (Iowa City: University of Iowa Press, 2018), 31–33.

[26] 样例参见 Christine Cook, Juliette Schaafsma 和 Marjolijn Antheunis, "Under the Bridge: An In-Depth Examination of Online Trolling in the Gaming Context", *New Media and Society* 20, no. 9 (2018): 3323; Mantilla, *Gendertrolling;* Condis, " 'Get Raped, F****t'", 15–37.

[27] 如今，研究人员对"trolling"的定义存在分歧。正如 Christine Cook 等人在 2018 年一项关于游戏引战行为的研究中指出的那样，"尽管引战在网络空间中流行，但作为学术研究的主题，这是一个令人困惑的领域，不同的研究人员使用不同的标准来描

述相同的现象"。这可能是因为这是一个全新的研究领域：现有的研究少之又少，由于缺乏经验基础，几乎所有的研究都是理论性的。("Under the Bridge", 3324).

[28] Michele Tepper, "Usenet Communities and the Cultural Politics of Communication"，收录于 *Internet Culture,* David Porter 编 (New York: Routledge, 1997), 39–54.

[29] 在几十年的时间里，互联网用户认识到引战已经成了严重的社会问题。这在很大程度上是因为那时的网络引战现象已经包含了一系列敌对和破坏性的行为。样例参见 Jonathan Bishop, "Representations of 'Trolls' in Mass Media Communication: A Review of Media-Texts and Moral Panics Relating to 'Internet Trolling' ", *International Journal of Web Based Communities* 10, no. 1 (2014): 7–24. 亦可参见 Emma Jane 对 "e-bile" 的解释。她用此单词隐晦地指代网络引战、煽风点火以及其他网络敌对行为。Emma A. Jane, "Flaming? What Flaming? The Pitfalls and Potentials of Researching Online Hostility", *Ethics and Information Technology* 17, no. 1 (March 2015): 65.

[30] 对于 alt.folklore.urban 的早期讨论，样例可见 Jan Harold Brumvard, The Baby Train and Other Lusty Urban Legends (New York: W.W. Norton & Company, 1994), 特别是 191–94; Alice Dragoon, "True Lies", CIO 8 (April 15, 1995): 22–24; and Joseph M. Saul, "Myths Spread Quickly in the Information Age," *Information Technology Digest* 5, no. 2, February 12, 1996, 1, 12–14).

[31] "How the Truth Set Snopes Free", Webby Awards website, https://www.webbyawards.com/lists/how-the-truth-set-snopes-free/.

[32] Tepper, "Usenet Communities and the Cultural Politics of Communication", 48.

[33] Julian Dibbell, "A Rape in Cyberspace: Or, How an Evil Clown, a Haitian Trickster Spirit, Two Wizards, and a Cast of Dozens Turned a Database into a Society", Village Voice, December 21, 1993; 重新印刷于 Dibbel, *My Tiny Life: Crime and Passion in a Virtual World* (New York: Henry Holt and Company, 1998), 11–32.

[34] 样例参见 Jill Sternberg, *Misbehavior in Cyber Places: The Regulation of Online Conduct in Virtual Communities on the Internet* (Lanham, MD: University Press of America, 2012), 特别是 79–81.

[35] Tepper, "Usenet Communities and the Cultural Politics of Communication", 40–42.

[36] 同上, 39–43.

[37] 同上, 39–40.

[38] 同上, 40.

[39] 同上, 41.

[40] 同上。

[41] 同上, 42-43.

[42] 此处举的两个例子，均结合中国网络语境，做了本土化适应。两个例子的原文为："YHBT.YHL. HAND." ("You Have Been Trolled. You Have Lost. Have A Nice Day.") "WAFU, YN."("We're alt.folklore. urban, you're not.")

[43] 同上。

[44] 同上 , 50.

[45] Cook et al., "Under the Bridge", 3334–35.

第 3 章

[1] 对模因的学术研究也是很晚才出现的。最早的相关学术著作为 Limor Schifman, *Memes in Digital Culture* (Cambridge, MA: MIT Press, 2013). 几年之后，Ryan Milner 完成了 *The World Made Meme: Public Conversations and Participatory Media* (Cambridge, MA: MIT Press, 2016). 他在书中讨论了模因和网络流行内容的区别 (37–39)."Meme" 一词来源于 Richard Dawkins, *The Selfish Gene* (Oxford: Oxford University Press, 1976); Dawkins 用这个词来指代一种文化元素，当人类在模仿使用它的时候，它会完成自我复制。

[2] Cole Stryker, *Epic Win for Anonymous: An Online Army Conquers the Media* (New York: Overlook Duckworth, 2011), 130. 西村博之当年过了 23 岁生日。但他是 11 月出生的，"2 频道" 在 5 月就创建完成了。所以，我在正文中将他的年龄说成 22 岁。正如

Stryker 所言，"2 频道"的讨论内容覆盖了很多主题 (132–33)。

[3] Lisa Katayama, "Meet Hiroyuki Nashimura, the Bad Boy of the Japanese Internet", *Wired,* May 19, 2008, https://www.wired.com/2008/05/mf-hiroyuki/.

[4] Katayama, "Meet Hiroyuki Nashimura". Katayama 写道："还有一种恶作剧的做法：当快餐连锁店 Lotteria 发起了一场在线投票，让顾客们投出最喜爱的奶昔产品时，'2 频道'的用户把票投给了泡菜。"

[5] Stryker, *Epic Win for Anonymous,* 130–33. 非常感谢加州大学圣芭芭拉分校的教授 William Fleming，他帮我翻译了相关内容，并给出了建议。

[6] "2 Channel", Syberpunk, Internet Archive, December 5, 2004, https://web.archive.org/web/20041205002432/http:/www.syberpunk.com:80/cgi-bin/index.pl?page=2ch.

[7] 猫何时最早出现在日本并不可考。猫出现在 11 世纪的日本名著《源氏物语》中。这是世界上第一部小说，作者是宫女紫式部。在小说中，一个宫廷女子拒绝了某个权贵的求爱后，他便偷走了她的猫，将对她的感情转移到了猫身上。在这个故事中，猫成了女性生殖器的直白代表——这个男人甚至梦到和这只猫产生了爱情——但在日语中，表示生殖器和猫的文字并没有双关语关联。猫可能是沿着通往埃及或中国的贸易路线来到日本的；它们可能是贵族赠送的礼物，也可能是僧侣们为了保护丝绸卷轴不被老鼠啃咬而带来的。Zack Davisson, *Kaibyō: The*

Supernatural Cats of Japan (Seattle and Portland, OR: Chin Music Press and Mercuria Press, 2017), 21–22.

[8] Davisson, *Kaibyō,* 15–18.

[9] 同上 , 26–28.

[10] 这些图片是纽约日本协会 2015 年某场展览的参展作品。参见 "Life of Cats: Selections from the Hiraki Ukiyo-e Collection", Japan Society, https://www.japansociety.org/page/programs/gallery/life-of-cats.

[11] 同上 , 22-26.

[12] Vyvyan Evans, *The Emoji Code: The Linguistics behind Smiley Faces and Scaredy Cats* (New York: Picador, 2017), 10–20. 正如 Evans 所说 (148-49)，emoticon，即由人脸表现的字符，已经被发明了好几次了。例如，1881 年，表情符号出现在英国幽默杂志《Puck》中；1969 年，在写给《纽约时报》某位记者的信中，弗拉基米尔·纳博科夫在回呛一个不礼貌的问题（问他把自己排在作家榜的第几位）时说，"我常常想，要是有关于微笑表情的特殊的印刷符号就好了 —— 一条向下凹的记号，一条朝天的半圆。我可以用那个符号来问答你的问题"。有记录以来的第一个笑脸符号出现在 1982 年，卡内基梅隆大学计算机科学教授 Scott E. Fahlman 将之用在学校电子公告板上的一个帖子中。这本是一个玩笑帖，但颇受关注。于是，Fahlman 又提出了"严肃的"建议：

我建议用下面这个字符序列标记笑话

:-)

要歪着头看这个符号。实际上，考虑到目前的趋势，把不是笑话的东西标出来可能更实用。这时，要用

:-(

[13] 同上，18–20. 如需查看最早的一组表情符号，样例参见 Paul Galloway, "The Original NTT DOCOMO Emoji Set Has Been Added to the Museum of Modern Art's Collection", Museum of Modern Art, October 26, 2016, https://stories.moma.org/the-original-emoji-set-has-been-added-to-the-museum-of-modern-arts-collection-c6060e141f61.

[14] Stryker, *Epic Win for Anonymous,* 141; Taylor Wofford, "Fuck You and Die: An Oral History of Something Awful", *Motherboard*（博客）, *Vice,* April 5, 2017, https://www.vice.com/en_us/article/nzg4yw/fuck-you-and-die-an-oral-history-of-something-awful.

[15] Stryker, *Epic Win for Anonymous,* 141–48.

[16] 对于推特和 Vine 的搞笑风格的研究,样例参见 Elyse Graham, "We Like Short Shorts", *Public Books,* April 17, 2018.

[17] Wofford, "Fuck You and Die".

[18] 同上。

[19] 私下谈话，Jason Eppink, January 20, 2019.

[20] Stryker, *Epic Win for Anonymous,* 147–48.

[21] 样例参见 Henry Jenkins, *Textual Poachers: Television Fans and Participatory Culture* (New York: Routledge, 1992); Karine Nahon 和 Jeff Hemsley, *Going Viral* (New York: Polity, 2013); Adrienne Massanari, *Participatory Culture, Community, and Play: Learning from Reddit* (New York: Peter Lang, 2015); Nicholas John, *The Age of Sharing* (New York: Polity, 2017); Whitney Phillips 和 Ryan Milner, *The Ambivalent Internet: Mischief, Oddity and Antagonism Online* (New York: Polity, 2017).

[22] Stryker, *Epic Win for Anonymous,* 41–43.

[23] 同上, 80.

[24] "Caturday", Chan4chan, archive tag, http://chan4chan.com/archive/tags/caturday_cat.

[25] Lauren Gawne 和 Jill Vaughan, "I Can Haz Language Play: Construction of Language and Identity in LOLspeak", 收录于 *Proceedings of the 42nd Australian Linguistics Society Conference,* M. Ponsonnet, L. Dao 和 M. Bowler 编 (Canberra: ANU Research, 2011): 102–03, 114. https://pdfs.semanticscholar.org/cfb9/15fb2fb58834e7565796d11061bb0d49802b.pdf. 以下为译者注：这里便于中国读者理解，改成了中文的相应形式，原文为：we can say with the authority of a linguist that Lolcats, like children, "over-regularize" the endings of irregular verbs. (The plural of eat is eated, not ate.)

[26] Stryker, *Epic Win for Anonymous,* 80.

[27] 同上，125–26.

[28] Stryker, *Epic Win for Anonymous*, 80.

[29] Gawne 和 Vaughan, "I Can Haz Language Play", 111–12.

[30] Hello Kitty 的 " 出 生 名 " 是 "Kitty White"。Christine Yano 探讨过基蒂猫品牌中的日本元素和盎格鲁 - 撒克逊人的美国元素。Christine Yano, *Pink Globalization: Hello Kitty's Trek Across the Pacific* (Durham, NC:Duke University Press, 2013), 18–19.

[31] 1992 年和 1987 年，使用这些翻译的游戏版本正式发布。"A Winner Is You", Know Your Meme, https://knowyourmeme.com/memes/a-winner-is-you (accessed January 3, 2020); "All Your Base Are Belong to Us", Know Your Meme, https://knowyourmeme.com/memes/all-your-base-are-belong-to-us (January 3, 2020 访问).

[32] Douglas McGray, "Japan's Gross National Cool", *Foreign Policy,* November 11, 2009, https://foreignpolicy.com/2009/11/11/japans-gross-national-cool/.

[33] Chi Hyun Park, 分 析 于 "Orientalism in U. S. Cyberpunk Cinema from *Blade Runner to The Matrix*" (博士论文 , University of Texas at Austin, 2004), 4, 139–56, 179–214. Chi Hyun Park 对科幻和赛博朋克电影中的亚洲元素进行了细致的分类和讨论。在为《时代》杂志撰写的《黑客帝国》影评中，Jeffrey Ressner 指出，动漫对电影打斗场景的设计颇具影响："从没看过那些想象力超丰富、暴力超强烈的日本动漫 (《明》《攻壳机动队》)？现在你看到

了 —— 在混乱的真人场景中"（引自 Park, "Orientalism", 183）。
Richard Corliss, "Popular Metaphysics", *Time,* April 11, 1999, http://
www.whoaisnotme.net/articles/1999_0411_pop.htm.

[34] Anne Allison, *Millennial Monsters: Japanese Toys and the Global
Imagination* (Berkeley: University of California Press, 2006). 关于跨
媒介的故事讲述，样例参见 Henry Jenkins, *Convergence Culture:
Where Old and New Media Collide* (New York: New York University
Press, 2008).

[35] Anne Allison, "Cuteness as Japan's Millennial Product", 收录于 *Pikachu's
Global Adventure: The Rise and Fall of Pokémon,* Tobin Joseph 编
(Durham, NC: Duke University Press, 2004), 34–49. 亦可参见 Anne
Allison, "The Attractions of the J-Wave for American Youth", 收录于 Soft
Power Superpowers: Cultural and National Assets of Japan and the United
States, Yasushi Watanabe 和 David L. McConnell 编 (Armonk, NY: M. E.
Sharpe, 2008), 99–110.

[36] McGray, "Japan's Gross National Cool"; Allison, *Millennial
Monsters,* 5–6.

[37] Christoph Niemann, "Untitled", *New Yorker* 封面 , March 18, 2002.
Cited in Allison, *Millennial Monsters,* 18.

[38] Adrian Favell, *Before and After Superflat: A Short History of
Japanese Contemporary Art, 1990–2011* (Hong Kong: Blue
Kingfisher, 2011), 41.

[39] McGray, "Japan's Gross National Cool".

[40] "日本风格"影响了很多艺术家，比如玛丽·卡萨特、埃德加·得加、爱德华·莫奈、亨利·图卢兹-劳特累克、文森特·梵·高，以及詹姆斯·惠斯勒。样例参见 Klaus Berger, *Japonisme in Western Painting from Whistler to Matisse,* (Cambridge: Cambridge University Press, [1980] 1992). Berger 强调，在任何关于这一时期日本对西方艺术影响的深刻讨论中，"'日本'并不代表单一、静态的实体，它本身经历了漫长而多样的演变。它的各个阶段以不同的方式影响了西方。'日本主义'不是一种现象，而是多种现象：葛饰北斋的影响不同于喜多川歌麿，而喜多川歌麿的影响也不同于后期发现的早期浮世绘画家，如菱川师宣或怀月堂安度。日本艺术有许多不同的风格层次，西方对此的吸收方式也各不相同。'日本'的含义，对梵·高、爱德华·马奈、亨利·德·图卢兹·劳特累克、古斯塔夫·克里姆特或乔治·格罗兹的意义都不相同"(4)。

[41] 一位研究 12 世纪日本叙事性卷轴画的学者写道："（人物）的脸都又小又圆，缺乏个性；眼睛和浓眉由笔直的墨线画成，鼻子简单勾勒，少女的唇呈小玫瑰花蕾状。这种风格被称为 hikimekagihana('用直线表示眼睛，用钩表示鼻子')，是浪漫故事画中常见的手法……有一种理论认为，正是这些人物的缺乏个性，让观众在心理上把自己与画中人物等同起来。"引自 Yano, *Pink Globalization,* 21.

[42] 同上，21. Yano 在此措辞谨慎，认为这不属于整体的"美学传统"，只是在"历史的语境中才有视觉意义"。

[43] 样例参见 Favell, *Before and After Superflat.*

[44] 同上, 64. 亦可参见 Koichi Iwabuchi, *Recentering Globalization: Popular Culture and Japanese Transnationalism* (Durham, NC: Duke University Press, 2002).

[45] Takashi Murakami, "The Super Flat Manifesto", *Super Flat* (Madra, Tokyo, 2000), 5.

[46] 引自 Yano, *Pink Globalization,* 254–55.

[47] Phillips 和 Milner, *The Ambivalent Internet,* 8.

[48] Nick Douglas, "It's Supposed to Look Like Shit: The Internet Ugly Aesthetic", *Journal of Visual Culture* 13, no. 3 (2014): 314–39; Hebdige, *Subculture: The Meaning of Style* (New York: Routledge, [1979] 2013), 111.

[49] Simon May 讨论过可爱的政治学意义，并强调了其在美国和日本文化中的作用。Simon May, *The Power of Cute* (Princeton, NJ: Princeton University Press, 2019). 最近另外一篇将"可爱"作为审美范畴来讨论的书——虽然并没有给日本人对"可爱"的定义留下太多空间——为 Sianne Ngai 的 *Our Aesthetic Categories: Zany, Cute, Interesting* (Cambridge, MA: Harvard University Press, 2012).

[50] Sharon Kinsella, "Cuties in Japan", 收录于 *Women, Media, and Consumption in Japan,* Lise Skov 和 Brian Moeran 编 (Richmond, UK: Curzon Press, 1995): 243–51. 当然，就像美国的企业通过

将消费美化为自由的某种形式，以此将青少年培养成消费者一样，日本的企业也将面向年轻的商品打造为摆脱成年人责任的自由象征，这削弱了可爱风格所代表的反叛。参见 Allison, "Cuteness as Japan's Millennial Product", 34–52; John Whittier Treat, "Yoshimoto Banana Writes Home: The Shōjo in Japanese Popular Culture", *The Journal of Japanese Studies* 19, no. 2 (Summer 1993): 353–87.

[51] "千禧年日本风"的说法来自 Yano, *Pink Globalization,* 259. Yano 认为，在 21 世纪的头十年里，日本的软实力政策将"酷日本"定义为"有市场、以年轻人为导向、女性化、好玩且波普的日本"，这让"可爱在世界范围内取得了政治和经济影响力"(6–9)。

[52] 同上, 57–58. 举例来说，Yano 写到基蒂猫的"卡哇伊"的时候说："一方面，基蒂猫代表了天真的童年；另一方面，它通过聪明、狡猾，以及半开玩笑的玩闹，表达了自己与童年的距离。这种看法与人们所认为的直截了当的、表达形式单一的美国形象——比如水晶娃娃（Precious Moments，表达与基督教有关的情感）和迪士尼人物 (通常与特定的叙事联系在一起，比如儿童电影)——形成了鲜明对比。"

[53] May 用"不同寻常的可爱"（Uncanny Cute）来形容我们可能会觉得"卡哇伊"的元素。针对日本的可爱文化，他还给出了与其他作者不同的解读："日本的可爱崇拜……直接指涉了日本想要说服自己和世界，这个国家是热爱和平的。" May, *The Power of Cute,* 25, 91.

[54] 引自 Kinsella, "Cuties in Japan", 220–21.

[55] Yano, *Pink Globalization,* 57–58. 自 20 世纪 70 年代以来，卡哇伊文化的一种表现形式在日本的日常生活中非常常见：kyarakutā，即推广应用、机场、银行、城市、节日、政府、警察局、电视台、寺庙、铁路线、购物区等的吉祥物。(Hello Kitty 等品牌形象也属于 kyarakutā。) 在纽扣、衣服、手袋、钥匙链、手机、手表和其他商品中，我们可以看到这些可爱的小玩意儿，它们（或目的在于）让世界变得更柔和、亲密、调皮 (11)。一些人将在特定网站上出现的吉祥物、模因字符和电子替代物称为 digital kyarakutā。其中包括官方吉祥物，比如 GitHub 的 "八爪猫"（章鱼和猫的混合体）；非官方吉祥物，比如 Fark 的 "Domo-kun chasing cats"；还有表情包图片，比如 Business cat，Long cat 和 Serious cat。

[56] Phillips 和 Milner, *The Ambivalent Internet,* 8–9.

[57] Annalee Newitz, "What Makes Things Cheesy?: Satire, Multinationalism, and B-movies", *Social Text* 18, no. 2 (2000): 59–60.

[58] Matt Hills, "Transcultural Otaku: Japanese Representations of Fandom and Representations of Japan in Anime/Manga Fan Cultures"（"变化中的媒体"会议参会论文, Massachusetts Institute of Technology, May 11, 2002), 1, 10–11, https://cmsw.mit.edu/mit2/Abstracts/MattHillspaper.pdf. 亦可参见 Annalee Newitz, "Anime Otaku: Japanese Animation Fans Outside Japan", *Bad Subjects* 13 (1994):1–12. Hills 和 Newitz 也讨论了生活在西方的日本人。

[59] 引自 Hills, "Transcultural Otaku", 7.

[60] 同上 , 4–5.

[61] "赛博朋克" 的博客作者后来写道：

> 查看了 [北海道的] 网站后，我惊讶地发现，来这里参观的人很少，我第一次统计时大约有 2000 人。然后我意识到这是一个没被发现的网站，可能只有创建者和他的朋友在其运行的 4 年时间里定期访问。于是我决定，同样不宣传这个网站，在接下来的几个月里我也这么做了。
>
> 然后我开始给几个朋友发这张照片 (乌龙头上顶着铜锣烧的照片)。许多你以前可能见过。这是我最喜欢的照片，尽管我的朋友老问我照片怎么来的，但我守口如瓶。我不想公开乌龙。然后有一次，我犯了一个错误：直接将图片链接到了乌龙的网站上。链接从那儿被发了出去，人们发现了主站点和所有的图片。一些人在留言板上公布了乌龙网站的链接，然后它就爆了。在短短一周内，乌龙的点击量就超过了 15 万次。
>
> ("Oolong", Syberpunk, Internet Archive, https://web.archive.org/web/20020607070235/http:/www.syberpunk.com:80/cgi-bin/index.pl?page=oolong).

[62] 2001 年版的牛津英语词典最早收录了 "went viral"（病毒式传播）一词。

[63] "Series 2", Syberpunk, Internet Archive, https://web.archive.org/web/20020606190204/http:/www.syberpunk.com:80/cgi-bin/index.pl?page=series2. 在新版的博客中，出现了高端手机的图片；

Pokémon 品牌的软饮料；维生素口腔喷雾；在火车上睡觉时可以放在耳朵上的闹钟；为宠物准备的小型跑步机；"一个疯狂的日本厕所"。2004 年，该博客提到了"2 频道"。很多西方互联网用户可能就是从这儿知道"2 频道"的。"2 Channel", Syberpunk.

[64] Sarah Boxer, "Prospecting for Gold among the Photo Blogs", *New York Times,* May 25, 2003, https://www.nytimes.com/2003/05/25/arts/art-architecture-prospecting-for-gold-among-the-photo-blogs.html; "Pancake Bunny", Know Your Meme, https://knowyourmeme.com/memes/pancake-bunny.

[65] Stryker, *Epic Win for Anonymous,* 168. 亦可参见 Daniel Terdiman, "The History of I Can Has Cheezburger", *cnet.com,* August 25, 2008, https://www.cnet.com/news/the-history-of-i-can-has-cheezburger/.

[66] Stryker, Epic Win for Anonymous, 168. 据报道，截至 2007 年 8 月，哈尔的网站"每天会有 20 万单独访客来访，访问页面总数达 50 万"。Aaron Rutkoff, "With 'Lolcats' Internet Fad, Anyone Can Get in on the Joke", Wall Street Journal, August 25, 2007, https://www.wsj.com/articles/SB118798557326508182.

[67] Stryker, *Epic Win for Anonymous,* 168–69. 哈尔的"奇士堡网络"包括 The Daily Squee, The Daily What, FAIL Blog, I Has a Hotdog, 以及 Know Your Meme 等站点。

[68] 样例参见 Professor Happycat, *I Can Has Cheezburger?: A Lolcat Collekshun* (New York: Gotham Books, 2008); Professor Happycat, *How 2 Take Over the Wurld: A Lolcat Guide to Winning* (New York: Gotham

Books, 2009); Martin Grondin, *Lol Cat Bible: In teh Beginnin Ceiling Cat Maded the Skiez an da Earfs n Stuffs* (Berkeley, CA: Ulysses Press, 2010).

[69] 参见 Amy Farnsworth, "Lolcats Take to the Stage", *Christian Science Monitor,* August 14, 2009, https://www.csmonitor.com/Technology/Horizons/2009/0814/lolcats-take-to-the-stage-with-a-musical.

[70] 样例参见 Sarah Boxer, "Internet's Best Friend (Let Me Count the Ways)", *New York Times,* July 30, 2005,

https://www.nytimes.com/2005/07/30/arts/internets-best-friend-let-me-count-the-ways.html; Tom Whitwell, "Microtrends,"The Times (London), May 12, 2007, https://www.thetimes.co.uk/article/microtrends-7zc6cbk73lw; Ivor Tossell, "Are These Cats Talking, or Are We Just 'LOL' at Ourselves?" *The Globe and Mail,* May 25, 2007, https://www.theglobeandmail.com/amp/technology/are-these-cats-talking-or-are-we-just-lol-at-ourselves/article1326447/; Erik Hogstrom, "Cat-Tales", *Telegraph Herald* (Dubuque, IA), August 19, 2007; Rutkoff, "With Lolcats Internet Fad"; Bobbie Johnson 和 Anna Pickard,"How Lolcats Took Over the Web", The Guardian, April 28, 2008, https://www.theguardian.com/technology/2008/apr/28/internet.digitalmedia1; Sam Leith, "The Language of Internet Geeks Is No Reason to 'LOL' ", *The Daily Telegraph* (London), March 1, 2008,; "Top 10 Websites for Internet Jokes: U Can Has Humour", *The Daily Telegraph,* September 20, 2008; Sarah Hepola, "The Internet Is Made of Kittens", *Salon,* February 10, 2009, https://

www.salon.com/2009/02/10/cat_internet/; Rob Walker, "When Funny Goes Viral", *New York Times Magazine,* July 16, 2010, https://www.nytimes.com/2010/07/18/magazine/18ROFL-t.html?mtrref= undefined&gwh=41281A2B32BFF8E84E6BF130924CE23C&gw t=pay&assetType=REGIWALL; 以及不可避免出现的持相反观点的文章 Rebecca J. Rosen, "Are Lolcats Making Us Smart?" The Atlantic, May 8, 2012, https://www.theatlantic.com/technology/archive/2012/05/are-lolcats-making-us-smart/256830/.

[71] Stryker, *Epic Win for Anonymous,* 80.

[72] Kate Miltner, "'There's No Place for Lulz on LOLCats': The Role of Genre, Gender, and Group Identity in the Interpretation and Enjoyment of an Internet Meme", *First Monday,* Volume 19, Number 8 (4 August 2014); https://firstmonday.org/ojs/index.php/fm/article/download/5391/41032014. 亦可参见 Kate Miltner, "SRSLY Phenomenal: An Investigation into the Appeal of Lolcats" (硕士论文, London School of Economics, 2011).

[73] 同上。

[74] 同上。

[75] Miltner, "SRSLY Phenomenal", 33.

[76] Luann Daniels, "Internet Cats Are a Hoot and a Half", Something Awful (论坛), December 8, 2008, https://www.somethingawful.com/news/luann-cyberdesk-lolcats/1/.

[77] Miltner 认为，搞懂所有的细节（例如，掌握大笑猫所有的"喵言喵语"，或者一个流行笑话的准确的讲述方式）是那些常出没于模因社区的人们活动的主要动机（Miltner, "SRSLY Phenomenal"）。

[78] 作为媒体研究常用词的"参与式文化"，来自 Henry Jenkins, *Fans, Bloggers, and Gamers: Exploring Participatory Culture* (New York: New York University Press, 2006). Miltner 在《SRSLY Phenomenal》一书中将怀旧作为模因文化的一个元素。

[79] Adam Downer, "Oh Lawd He Comin'," Know Your Meme (2019).

[80] Ryan Milner, *The World Made Meme: Public Conversations and Participatory Media* (Cambridge, MA: MIT Press, 2016), 8–9.

[81] Alissa (@Bantigve), "i can feel he comin in the air tonight /oh lawd." Twitter, January 9, 2019, 8.08 a.m., https://twitter.com/bantigve/status/1083032670852927490?lang=en.

[82] Assassin Monkey, "Oh Lawd ... ", DeviantArt, March 1, 2019, https://www.deviantart.com/assasinmonkey/art/Oh-Lawd-787699680?fbclid=IwAR1v2J1FFeZb8YUeRN8WAjdCb3-5z4sdlYMgJdV8px_Hgz1HP3f686a75BA.

[83] Nicholas Lemann, "Fear Factor", *New Yorker,* March 27, 2006, https://www.newyorker.com/magazine/2006/03/27/fear-factor.

[84] Sara Kiesler, "The Hidden Messages in Computer Networks", *Harvard Business Review,* January 1986, https://hbr.org/1986/01/the-

hidden-messages-in-computer-networks.

[85] Milner, *The World Made Meme*, 3.

[86] 原文为："Abby is a thicc girl/ What an absolute unit/ Shechonk/ Look at the size of this lady/ OH LAWD SHE COMIN/ Another Internetism!"

[87] Alejandra Reyes-Velarde, "Aquarium Apologizes after Viral Tweet about 'Thicc' Sea Otter Spawns Harsh Backlash", *Los Angeles Times,* December 20, 2018, https://www.latimes.com/local/lanow/la-me-ln-sea-otter-backlash-20181220-story.html.

[88] Massanari, *Participatory Culture, Community, and Play,* 1–2.

[89] Dong Nguyen, Barbara McGillivray 和 Taha Yasseri, "Emo, Love, and God: Making Sense of Urban Dictionary, a Crowd-Sourced Online Dictionary", *Royal Society Open Science,* May 2, 2018, https://royalsocietypublishing.org/doi/10.1098/rsos.172320; also see the brief but sharp critique of NatalieRojas (@natalieoffline), Twitter, May 3, 2018.

[90] Jean Burgess 和 Joshua Green, *YouTube* (Cambridge, UK: Polity Press, 2009), 8–9.

[91] Melissa Harris-Lacewell, *Barbershops, Bibles, and BET: Everyday Talk and Black Political Thought* (Princeton, NJ: Princeton University Press, 2004), 204.

[92] Brad Esposito, "People Are Angry with this Dog-Rating Twitter

Account for Changing the Names of Dogs", *BuzzFeed,* June 26, 2018, https://www.buzzfeed.com/bradesposito/people-are-angry-with-this-dog-rating-twitter-account-for.

[93] Nicole Hensley, "Donald Trump Briefly Follows Emergency Kittens on Twitter", *New York Daily News,* January 2, 2017, https://www.nydailynews.com/news/politics/donald-trump-briefly-emergency-kittens-twitter-article-1.2931149.

[94] Alvin Kernan 曾对这些准则的形成发表了独到的见解。Alvin Kernan, *Samuel Johnson and the Impact of Print* (Princeton, NJ: Princeton University Press, 1984), 特别是 241–82.

[95] Stryker, *Epic Win for Anonymous,* 86–87.

[96] "Nyan Cat in Lobby 7", The MIT Gallery of Hacks, September 6, 2011, http://hacks.mit.edu/Hacks/by_year/2011/nyan_cat/.

[97] 样例参见 Alvin Kernan, *Samuel Johnson and the Impact of Print,* and Alvin Kernan, *The Imaginary Library: An Essay on Literature and Society* (Princeton, NJ: Princeton University Press, 1982).

[98] Jonathan Zittrain, *The Future of the Internet and How to Stop It* (New Haven, CT: Yale University Press, 2008), 3.

[99] Burgess 和 Green, *YouTube,* 5 亦可参见 Jean Burgess, "The iPhone Moment, the Apple Brand, and the Creative Consumer: From 'Hackability and Usability' to Cultural Generativity", 收录于 *Studying Mobile Media: Cultural Technologies, Mobile Communication, and the iPhone,*

Larissa Hjorth, Jean Burgess 和 Ingrid Richardson 编 (New York: Routledge Press, 2012), 28–42.

[100] Clay Shirky, *Cognitive Surplus: Creativity and Generosity in a Connected Age* (New York: Penguin, 2011), 42.

[101] Olia Lialina 和 Dragan Espenschied, *Digital Folklore* (Stuttgart: Merz & Solitude, 2009).

第 4 章

[1] 样例参见 Ian Hacking, *Historical Ontology* (Cambridge, MA: Harvard University Press, 2004).

[2] Paul Ford 在 2004 年的一篇文章中提醒人们注意这种空背景。他说，他第一次注意到这种背景是在 2004 年的一个名为 "Numa Numa" 的视频中，视频表现了一个播放着背景音乐的男子在其电脑摄像头前假唱。Ford 认为，这个房间反映了现代美国生活空虚又标准化的特点。美国的住宅虽然价格昂贵，但为了效率而按标准建造的模式让其显得十分乏味。我怀疑，本世纪头十年网络摄像头视频反映出的现象也暗示了上传者对未知观众的恐惧。Paul Ford, "The American Room", *The Message* (博客), Medium, July 30, 2004, https://medium.com/message/the-american-room-3fce9b2b98c5.

[3] Dave Barry, *Dave Barry in Cyberspace* (New York: Crown, 1996),

159. 我记得我在 1996 年读这本书的情形：书中对咖啡壶摄像头的描述对我很有用，因为我家的网速不够快，我无法在家里的电脑上访问该网站。"特洛伊房间咖啡壶摄像头"在 2001 年关闭。

[4] 从该网站的问答板块可以看到："除了猫，你还可以经常看到一种紫灰色相间的工业地毯，会议室的黑漆木椅和蓝条纹座椅，会议室桌子的黑色木桌面和下面的金属桌脚。在美国太平洋时间的中午到 13:30 (GMT-8)，你还可以看到"共同解决营销"的员工在餐桌旁吃午餐时的腿和脚。当摄像头的角度发生变化时，你还偶尔可以看到员工的大腿。这是我们的特色之一，不是系统出了问题。" "KittyCam Frequently Asked Questions", KittyCam, Web Archive, December 2, 1998, https://web.archive.org/web/19990218104454/http:/www.kittycam.com:80/html/faq.html.

[5] 同上，Web Archive, February 8, 1998; Eppink, "How Cats Took over the Internet".

[6] George Mannes, "Don't Give Up on The Web", CNN Money, February 1, 2001, https://money.cnn.com/magazines/fsb/fsb_archive/2001/02/01/296267/index.htm.

[7] "KittyCam Frequently Asked Questions", December 2, 1998.

[8] Eppink, "How Cats Took over the Internet", Exhibition at the Museum of the Moving Image, New York City, 2015. 样例参见，"Mr. Pugsly", Pet of the Day, December 11, 1997, https://web.archive.org/web/19971211155254/http:/www.petoftheday.com:80/.

[9] Eppink, "How Cats Took over the Internet". 样例参见 "Puskin", Cat of the Day, May 11, 2000, https://web.archive.org/web/20000511104045/http://www.catoftheday.com:80/.

[10] "Cat Scan Contest", June 19, 2000, https://web.archive.org/web/20000619211159/http://www.cat-scan.com:80/Old/entries.html.

[11] Megan Doscher, "A Web Contest Proves There Is More Than One Way to Scan a Cat", *Wall Street Journal,* August 7, 1998.

[12] Bleszinski 表示,他收到了愤怒的邮件,并被举报到虐待动物组织。他还说，这些猫没有危险，他也撤下了那些猫咪看上去很痛苦的照片 (来源同上一标注)。然后，他又高兴网站获得了 " 今日残酷网站 " 的称号。这是个非官方的 " 褒奖 "，流行于早期互联网。"Press Awards this stoopid Site Has Earned", Cat Scan Contest, Web Archive, June 2000, https://web.archive.org/web/20000620224313/http://www.cat-scan.com:80/Old/press.html.

[13] "Bonsai Kitten", Internet Archive, February 2, 2001, https://web.archive.org/web/20010202065200/http://bonsaikitten.com/.

[14] 我记得读高中时的某一天，我靠着储物柜坐着，听一个朋友讲那个网站。我不记得她是否说过这是恶作剧。我们没有办法一起浏览网站，除非一个人到另一个人家里去。

[15] Eppink, "How Cats Took over the Internet". 这个网站违反的法律条款，可能是 "1999 年的一项联邦法令，该法令规定出现了 ' 描述虐待动物的文字 ' 并意图进行州际传播 —— 比如通过互

联网——是一项联邦重罪 ”。Bill Hoffman, "Furor over 'Bonsai Kitten' Site", *New York Post,* February 12, 2001, https://nypost. com/2001/02/12/furor-over-bonsai-kitten-site/. 麻省理工学院接受了调查，随后撤销了学校服务器上的网站。

[16] Eppink, "How Cats Took over the Internet". "BonsaiKitten", The Museum of Hoaxes, August 6, 2018 访问 , http://hoaxes.org/archive/ permalink/bonsai_kitten.

[17] Justine Hankins, "Tangled Web of Cruelty", *The Guardian,* April 12, 2003, https://www.theguardian.com/uk/2003/apr/12/animalwelfare. world.

[18] Eppink, "How Cats Took over the Internet"; Jim Edgar, "About", My Cat Hates You, January 1, 2016, http://www.mycathatesyou.com/ about-us/.

[19] James Edgar, *My Cat Hates You* (London: Hodder & Stoughton, 2004); James Edgar, *Bad Cat: 244 Not-So-Pretty Kittens and Cats Gone Bad* (New York: Workman Publishing, 2004).

[20] 相关引用来自 Eppink, "How Cats Took over the Internet".

[21] Eppink, "How Cats Took over the Internet"; "The Infinite Cats Project", Internet Archive, June 11, 2004, https://web.archive.org/ web/20040611012221/; http://www.infinitecat.com:80/infinite/cat1. html.

[22] Randy Malamud, *An Introduction to Animals and Visual Culture* (New

York: Palgrave Macmillan, 2012), 37.

[23] "No Digital Camera?" The Infinite Cat Project, Internet Archive, December 30, 2005, https://web.archive.org/web/20051230034623/ www.infinitecat.com/.

"无限猫咪专案"重现了旧时互联网的另一个方面，那就是使用互联网带来的孤独感。今天，互联网无处不在：在手机屏幕上，在手表表盘上，在像 Alexa 这样的家庭助理设备上，在平板电脑上。然而，在一代人的记忆中，人们大多是独自坐在台式电脑前使用互联网的。如此说来，这一长长的照片序列，保存了早期互联网的灵魂。用 Sherry Turkle 的话来说，那是一群人的孤独狂欢。Sherry Turkle, *Alone Together: Why We Expect More from Technology and Less from Each Other* (New York: Basic Books, 2011).

[24] Eppink, "How Cats Took over the Internet"; Wired staff, "Cat Gets Hit(s)", Wired, February 23, 2002; "Cat Is Net Celebrity", *Birmingham Post,* January 16, 2003.

[25] David Sapsted, "4m See Cat's Recovery on the Net", *The Daily Telegraph,* January 16, 2003.

[26] David Donnan, quoted in Lucy Mcdonald, "A Game of Cat and Mouse for Frank the Online Feline", *Mail on Sunday,* May 17, 2002.

[27] 同上。

[28] Eppink, "How Cats Took over the Internet"; Sarah Boxer, "Internet's

Best Friend (Let Me Count the Ways)", *New York Times,* July 30, 2005, https://www.nytimes.com/2005/07/30/arts/internets-best-friend-let-me-count-the-ways.html. 我们之所以将猫作为互联网的吉祥物，是因为它们提醒了我们透过互联网偷窥别人时的快感。这种说法与 2005 年左右的一场有关互联网的讨论的主题非常一致。2006 年，当博客博主 Emily Gould 开始于 Gawker 担任编辑时写道，该网站的前编辑 Jessica Coen 告诉她，"评论者们很喜欢听她讲私事。我不仅发现事实确实如此，还发现这很必要"。Emily Gould, "Exposed", *New York Times Magazine,* May 25, 2008, https://www.nytimes.com/2008/05/25/magazine/25internet-t.html. 2008 年，《韦氏新世界词典》将 "overshare"（过度分享）一词选作年度词汇。

[29] 此为美国艺术档案馆策展人 Mary Savig 与本书作者的对谈，May 15, 2017. 展览名为 *Before Internet Cats: Feline Finds from the Archives of American Art* (April 28–October 29, 2017). Savig 表示，在她查阅的档案中，猫和狗出现的比例大致相同。

[30] 据报道，4 频道的 "猫咪日" 传统出现于 2005 年，《泰晤士报》对其进行报道的几个月前。在《时代》杂志科技版的一篇博客文章中，Lev Grossman 展示了一位读者在 2005 年初写给 "猫咪日" 的邮件："互联网上有足够多的照片拍摄信息，这些散落在互联网上的数据可以证明，以互联网的标准来看，猫的宏指令很早就有了。例如，"猫咪日" 是 4 频道图像板块的一个模因，它出现于 2005 年年初，为反对话题 "毛茸茸的星期五" 而出现。Lev Grossman, "Lolcats Addendum: Where I Got the Story

Wrong", *Techland* (博客), *Time,* July 16, 2007, http://techland.time. com/2007/07/16/.

[31] Jamie Dubs, "Advice Dog". Know Your Meme, August 7, 2018 访问， https://knowyourmeme.com/memes/advice-dog.

[32] Nicholas Carr, *The Big Switch: Rewiring the World from Edison to Google* (New York: W.W. Norton & Company, 2008), 129–30. 视频 的名称为 "Pajamas and Nick Drake"，如今，你仍能在 YouTube 上看到此视频。

[33] Kevin Alloca, *Videocracy: How YouTube Is Changing the World... with Double Rainbows, Singing Foxes, and Other Trends We Can't Stop Watching* (New York: Bloomsbury, 2018), 224. 我怀疑他没有 数据来支持这个说法，即截止到《星期五》发布之前，与其他 类型的视频相比，猫的视频表现得更好。否则他就会把数字展 示出来。他相信，即使没有数据支持，互联网 - 猫的联结也会引 起读者的共鸣。

[34] Stuart Dredge, "YouTube: The Most Popular Cats from Its First Ten Years", *The Guardian,* May 18, 2015, https://www.theguardian.com/ technology/2015/may/18/youtube-most-popular-cats-maru-grumpy- cat.

[35] Eppink, "How Cats Took over the Internet".

[36] Andy Capper 和 Juliette Eisner, Lil Bub & Friendz (制片人 Juliette Eisner, 首映于 Tribeca Film Festival, April 18, 2013).

[37] Gideon Lewis-Kraus, "In Search of the Heart of the Online Cat-Industrial Complex", *Wired,* August 31, 2012, https://www.wired.com/2012/08/ff-cats/.

[38] 同上。

[39] Eppink, "How Cats Took over the Internet".

[40] Chris Anderson, *The Long Tail: Why the Future of Business Is Selling Less of More* (New York: Hyperion, 2006).

[41] 然而，Anderson 对互联网成名将取代根深蒂固的旧传统的预测是不成熟的。参见 Anita Elberse, *Blockbusters: Hit-Making, Risk-Taking, and the Big Business of Entertainment* (New York: Henry Holt and Company, 2013), 157–58.

[42] Elberse, *Blockbusters,* 159. Anderson 将此类数据放进了其著作的再版版本，这本书为 *The Longer Long Tail: How Endless Choice Is Creating Unlimited Demand* (London: Random House, 2009).

[43] Elberse, *Blockbusters,* 159–64. 亦可参见 Erik Brynjolfsson, Yu (Jeffrey) Hu, and Michael D. Smith, "Tails vs. Superstars: The Effect of Information Technology on Product Variety and Sales Concentration Patterns", *Information Systems Research* 21, no. 4 (December 2010): 736–47.

[44] Eppink, "How Cats Took over the Internet"; Rachel Swatman, "Meet Maru 'Mugumogu'—the Cardboard Box–Loving, Record-Breaking Cat", *Guinness World Records* (博客), March 24, 2017,

https://www.guinnessworldrecords.com/news/2017/3/video-meet-maru-mugumogu—the-cardboard-box-loving-record-breaking-cat?fb_comment_id=1266691013414763_1454566414627221.

[45] Lewis-Kraus, "In Search of the Heart of the Online Cat-Industrial Complex".

[46] 同上。

[47] 同上。

[48] 这部网络剧的名字为 "Daisuki! Itsutsugo"，你也可以在 YouTube 观看这首主题曲的 MV (https://www.youtube.com/watch?v=7ALUHGmn5hk).

[49] 例如，下面这段 Bridavisky 和某位电台记者在《里尔小宝和它的朋友们》中的对话。

记者：她是怎么出名的？是因为嘴巴吗？是因为多了脚趾吗？你觉得里尔小宝是为什么出名？

Bridavisky：我认为这一切都是原因。它可能是这个星球上最神奇的生物了。

亦可参见 Summer Anne Burton, "Meet Lil Bub, Nature's 'Happy Accident' Who Is about to Win Your Heart", *BuzzFeed,* June 30, 2012, https://www.buzzfeed.com/summeranne/meet-lil-bub-natures-happy-accident-who-is.

[50] 样例参见 Anna Breslaw, "And Then Dwarf Cat Li'l Bub Happened and Everything Changed", *Jezebel,* July 4, 2012, https://jezebel.

com/471356420#!.

[51] Eppink, "How Cats Took over the Internet". 样例参见 Anna Breslaw, "And Then Dwarf Cat Lil' Bub Happened and Everything Changed".

[52] Bridavisky 在纪录片中有很多精彩的发言。比如，当回忆起他的朋友印了一套里尔小宝的 T 恤，他第一次穿上时的场景时，他说："我第一天穿它的时候，小宝还没出名。有个小女孩在我们对面吃早餐，她看着我。她说，'妈妈，妈妈，我想要那只猫。'就在那时，我知道这个小家伙会出名。" Capper and Eisner, Lil Bub & Friendz.

[53] Angela Watercutter, "Lil Bub, the Internet's Cutest Cat, Is Building a Not-So-Little Media Empire," *Wired,* September 13, 2013, https://www.wired.com/2013/09/lil-bub/.

[54] Capper and Eisner, *Lil Bub & Friendz.*

[55] Max Read, "How to Get Rich from Memes: Steal Other Memes", *Gawker,* September 30, 2013, https://gawker.com/how-to-get-rich-on-memes-steal-other-memes-1426797890.

[56] "Meet Grumpy Cat", Reddit, accessed December 2, 2019, https://www.reddit.com/r/pics/comments/10bu17/meet_grumpy_cat/.

[57] "I am the owner of Tard the Grumpy Cat, AMAA" Reddit, December 2, 2019 访问 , https://www.reddit.com/r/casualiama/comments/113c69/i_am_the_owner_of_tard_the_grumpy_cat_amaa/.

[58] Eppink, "How Cats Took over the Internet".

[59] Laura Northrup, "Grumpy Cat Coffee Drink Only the Newest Piece of Internet-Famous Cat Merchandise", *Consumerist*, 2013 年 7 月 30 日.

[60] Eppink, "How Cats Took over the Internet"; *Grumpy Cat's Worst Christmas Ever*, Tim Hill 导演作品 (Lifetime, 2014).

[61] 由于这发生在纽约，我怀疑他们说的是 "No *fuckin'* way"。

[62] Capper 和 Eisner, *Lil Bub & Friendz*.

[63] Matt Taghioff 和本书作者的讨论，August 3, 2018.

[64] Curious Zelda (@CuriousZelda), "RUN FOR YOUR LIVES", October 18, 2017, 4:03 a.m., https://twitter.com/CuriousZelda/status/920606204795277314; Curious Zelda (@CuriousZelda), "Suddenly", May 11, 2018, 1:12 p.m., https://twitter.com/CuriousZelda/status/995034034697883649.

[65] Curious Zelda (@CuriousZelda), "There's no such thing", February 18, 2017, 4:30 a.m., https://twitter.com/CuriousZelda/status/832930400636960768; Curious Zelda (@CuriousZelda), "Today", September 26, 2017, 4:53 a.m., https://twitter.com/CuriousZelda/status/912646204974096384.

[66] Curious Zelda (@CuriousZelda), "Always leave your Zelda in the folded position", November 29, 2017, 12:35 p.m., https://twitter.com/CuriousZelda/status/935970579508842497; Curious Zelda (@

CuriousZelda), "Please be careful", October 22, 2017, 12:21 p.m., https://twitter.com/CuriousZelda/status/922181019264061441.

[67] Curious Zelda (@CuriousZelda), "See a house fly", June 20, 2018, 11:24 a.m., https://twitter.com/CuriousZelda/status/1009502381703421954.

[68] Curious Zelda (@CuriousZelda), "I thought I saw my nemesis", June 4, 2018, 12:13 p.m., https://twitter.com/CuriousZelda/status/1003716459711918081.

[69] Curious Zelda (@CuriousZelda), "Scratch the sofa", September 11, 2017, 9:12 a.m., https://twitter.com/CuriousZelda/status/907275752835567617.

[70] Floor (@Krentebal), "Can't get enough of @CuriousZelda", January 21, 2018, 11:46 a.m., https://twitter.com/Krentebal/status/955164608280526848; Spoony Holidays (@spoonfayse),"seems I'm doodling tuxedo cats", September 19, 2017, 4:13 p.m., https://twitter.com/spoonfayse/status/910280773240070146; Mogon (@mogonv), "It was @CuriousZelda's birthday last week", February 8, 2018, 10:07 a.m., https://twitter.com/mogonv/status/961662753789259776; One Fine Weasel (@onefineweasel), "Fifty one years old and still doing fan art", February 27, 2018, 1:37 p.m., https://twitter.com/onefineweasel/status/968601023643299840; Glusix (@Glusix), "Just because", March 18, 2018, 11:14 a.m.,4, https://twitter.com/Glusix_/st

atus/975435215857504256;Monica (@Monica_ion), "Warmups this morning", March 22, 2018, 3:36 a.m., https://twitter.com/Monica_ion/status/976769574237605888; https://twitter.com/its_Shenanigan/status/982267727321579520; m. a. tateishi (@matateishi), "Tiny paintings inspired by @CuriousZelda", April 18, 2018, 5:03 a.m., https://twitter.com/matateishi/status/986575834721828864; https://twitter.com/brocoarts/status/987151927808086016; Famos Zwiebel-Heinrich(@meckermieze), April 21, 2018, 3:20 p.m., https://twitter.com/NomNomNom_x3/status/987818398410297345; SlamDunkFish(@FishDunk), "@CuriousZelda it was fun to paint Zelda!" April 24, 2018, 8:31 a.m., https://twitter.com/FishDunk/status/988802634176958464; Rock n Roll Queen (@Strillersthecat), "A little doodle of@CuriousZelda today", May 10, 2018, 9:48 a.m., https://twitter.com/strillersthecat/status/994620311558606848; Cristal Math (@Zoey Cocamotes), "@Curious Zelda a wee drawering for ye", May 19, 2018, 6:06 p.m., https://twitter.com/ZoeyCocamotes/status/998006966319566848; Claire Ingram (@claireingramart), "I love@CuriousZelda's little face!" June 3, 2018, 12:06 p.m., https://twitter.com/claireingramart/status/1003352290110201856; MarianneMartin (@MariMartinis), "@CuriousZelda The face of love", June 19, 2018, 7:57 a.m., https://twitter.com/MariMartinis/status/1009087907007787008; Chelsea Kuran (@Chelseakuran), "This is @CuriousZelda", August 6, 2018, 10:12 a.m., https://twitter.com/chelseakuran/status/1026516360019369985.

[71] 他并没有告诉我这件事，我是从推特上得知的。

[72] Franco Moretti, "The Slaughterhouse of Literature", *Modern Language Quarterly* 61, no. 1 (2000): 207–209.

[73] Arthur De Vany and W. David Walls, "Bose-Einstein Dynamics and Adaptive Contracting in the Motion Picture Industry", *Economic Journal* 106, no. 439 (November 1996): 1493–1505.

[74] Moretti, "The Slaughterhouse of Literature", 207–13.

[75] Lewis-Kraus, "In Search of the Heart of the Online Cat-Industrial Complex".

图书在版编目（CIP）数据

"猫"眼看世界 ：一部互联网文化史 /
（美）伊丽丝·怀特（E. J. White）著 ；阿番译 .
-- 北京 ：东方出版社， 2020.12
书名原文 ：A Unified Theory of Cats on the
Internet
ISBN 978-7-5207-1693-2

Ⅰ ．①猫… Ⅱ ．①伊… ②阿… Ⅲ ．①网路文化—文
化史—世界 Ⅳ ．① G119

中国版本图书馆 CIP 数据核字（2020）第 195335 号

"猫"眼看世界 ：一部互联网文化史
MAOYAN KAN SHIJIE ：YIBU HULIANWANG WENHUASHI

作　者 ：[美] 伊丽丝·怀特（ELYSE WHITE）
译　者 ：阿　番
插　图 ：阿　番
策　划 ：王家欢
责任编辑 ：姚　恋　王家欢
出　版 ：东方出版社
发　行 ：人民东方出版传媒有限公司
地　址 ：北京市西城区北三环中路 6 号
邮　编 ：100029
印　刷 ：北京联兴盛业印刷股份有限公司
版　次 ：2021 年 1 月第 1 版
印　次 ：2021 年 1 月第 1 次印刷
开　本 ：889 毫米 ×1194 毫米 1/32
印　张 ：7
字　数 ：100 千字
书　号 ：978-7-5207-1693-2
定　价 ：68.00 元
发行电话 ：(010) 85924663　85924644　85924641